쉽게 푼 삼위일체

삼위일체 하나님이 보여 주신 길들
하나가 되는 길 • 행복의 길 • 영광의 길

이창기 지음

코람데오

쉽게 푼
삼위
일체

머리말

　　삼위일체 교리는 매우 중요한 교리이지만, 막상 목사가 교인들에게 설교하기에는 쉽지 않습니다. 필자는 지난 2022년 1월 감리교 유럽지방회 폐회 설교에서 목회자들에게, 2022년 8월에는 유럽유학생성회(KOSTE)에서 유럽 청소년들에게, 그 이후 카이져스라우턴 교회와 아욱스부르그 교회, 스트라스부르 교회 등 유럽의 여러 교회에서 '**우리는 하나**'라는 제목으로 '**삼위일체**' 교리를 풀어서 설교를 하였습니다(설교 원문 부록에 수록).

　　필자는 이 설교를 통해 성 삼위 하나님께서 어떻게 일체가 되셨으며 그 일체 되심이 우리에게 어떤 메시지를 주는가에 초점을 맞추었습니다. 성경에 나타난 삼위일체 하나님의 말할 수 없이 아름답고 행복한 사귐과 그 사귐 속에 우리를 초청해 주시는 놀라운 약속을 설교하였습니다. 그 때마다 청소년들뿐만 아니라 목회자들까지 크고 작은 감격과 감동의 반응들을 보였습니다. 삼위일체 교리 속에 나타난 하나님의 약속이 놀랍기 때문입니다. 프랑스 스트라스부르 한인교회에서 같은 내용으로 설교를 마치고 마지막 찬송을 부를 때 어느 프랑스 교우는 "**마치 요한계시록에 나오는 장면처럼 하늘 보좌를 각 민족이 둘러서서 함께 찬양하는 듯한 큰 은혜를 느꼈다**"고 증언하였습니다.

　　몇몇 목사님들이 '**삼위일체**'에 대해 좀 더 쉽게 이해할 수 있도록 평신도들을 위한 책을 써 달라고 요청하였습니다. 이에 용기 얻어 평범한 목회자로서 학문적인 어려운 표현을 자제하고 평신도들에게 좀 더 가까이 다가갈 수 있는 쉬운 내용으로 글을 쓰게 되었습니다.

사람은 누구나 행복하기를 원합니다. 그래서 공부도 하고 일도 하고 결혼도 합니다. 그러면, 사람이 언제 행복합니까? 사람이 사람을 만나면서 서로 마음이 통할 때, 소통이 잘 되고 마음이 하나가 될 때, 우리는 말할 수 없는 기쁨과 행복을 느낍니다.

가정도 비록 가난하더라도 마음이 하나가 되면 그 가정은 행복한 가정입니다. 아무리 부자라도 식구들끼리 마음이 하나가 되지 못하고 갈라져 있다면 그 가정은 행복하다 말할 수가 없습니다.

그런 면에서 우리 성경은 참 놀라운 진리를 우리에게 전해줍니다. 행복의 비결입니다. 기쁨과 만족의 비결입니다. 그것이 무엇입니까? 정말 하나가 되는 것입니다.

우리 주님께서도 이것을 참으로 바라셨습니다. 우리의 행복의 비결이기 때문입니다. 그리고 바로 이것을 위하여 우리 주님은 이 땅에 오셨고 이것을 위해, 우리의 참 복, 행복을 위해 십자가를 지셨습니다. 우리 주님의 소원, 그것은 바로 우리가 하나되는 것입니다.

"아버지께서 내 안에, 내가 아버지 안에 있는 것같이 저희도 다 하나가 되어 우리 안에 있게 하사…"(요17:21) "우리가 하나가 된 것같이 저희도 하나가 되게 하려 함이니이다"(요17:22).

그러면 어떻게 우리가 하나가 될 수 있느냐? 우리는 하나가 되고 싶어도 하나가 될 수 없는 것이 우리의 현실입니다. 우리는 각자 자기 의견이 있고 자기 생각이 있고 자기 경험과 체험이 있습니다. 그래서, 하나가 될 수 없습니다. 그래서 우리를 하나되게 하시는 성령을 약속해 주셨고 성령께서 오시면 저희를 하나되게 하신다고 말씀하셨습니다(요14:18-20).

성령께서 우리를 어떻게 하나되게 하시느냐? 성령께서 우리 속에 그리스도 예수의 마음을 심어 주시기 때문입니다. 성령의 사역은 바로 우리 주님의 마음을 우리에게 가르쳐 주시고 주님을 생각나게 하시기 때문입니다. 성경은 말씀하십니다: "너희 안에 이 마음을 품으라 곧 그리스도 예수의 마음이니…"(빌2:5). 그리고 이어서 성자 예수의 성육신과 십자가 희생에 나타난 그의 겸손과 희생과 순종을 말합니다.

겸손, 희생, 순종입니다. 성령께서 우리 마음에 부어 주시는 성자 예수의 마음, 이 마음으로 하나가 될 때 거기에 참 행복이 있습니다. 참 기쁨이 있습니다. 말할 수 없는 즐거움이 있습니다. 이것은 신비에 속하는 일입니다.

성령께서 부어 주시는 주님의 마음으로 살아가는 우리의 삶은 신령한 교제가 됩니다. 사람들은 이 교제라는 용어를 너무 흔하게, 값싸게, 사용함으로 말미암아 그 본래의 뜻이 퇴색되고 말았지만, 성경에 말씀하시는 이 교제는 값싸고 세속적인 말이 아닙니다. 성경에서는 이 용어를 거룩하고 신령하게 표현합니다: "우리가 보고 들은 바를 너희에게도 전함은 너희로 우리와 사귐이 있게 하려 함이니 우리의 사귐은 아버지와 그 아들 예수 그리스도와 함께 함이라"(요일1:3).

사도 요한은 이 신령한 사귐에 우리를 초청하면서 이 복음을 전하는 목적을 이렇게 말합니다: "우리가 이것을 씀은 우리의 기쁨이 충만케 하려 함이로라"(요일1:4). 기쁨 충만이 무엇입니까? 행복입니다. 이 글을 쓰게 된 목적도 바로 이것입니다. 성도들로 하나되게 하여서 주님 마음으로 성령 안에서 기쁨이 충만하고 행복이 넘치는 삶을 살도록 하는데 있습니다.

'**위대한 질문**'은 명답을 낳습니다. '**왜 사과는 나무에서 떨어지는가?**' 이 질문으로 뉴턴은 만유인력의 법칙을 발견했고, '**왜 하나님이 인간이 되셨는가?**' 이 질문으로 안셀무스는 위대한 책, 'cur deus homo'를 썼습니다.

저희도 지금 위대한 질문을 하려고 합니다: '**어떻게 성 삼위 하나님께서 일체가 되셨는가?**' 당연한 듯싶은 질문이지만, 이 질문은 질문하는 모든 이들에게 명답을 가져다줄 것입니다. 이 질문에 대한 해답은 물론 쉽지 않습니다. 왜냐하면, 숫자에 익숙한 저희가 영이신 하나님을 이해할 때에도 우리의 이해의 방식을 따라 숫자로 이해하려 하기 때문입니다. '**세 하나님의 위격**'이 '**하나의 본질**'을 이루어 한 분 되심을 이해하기가 익숙지 않습니다.

그러나, 이 질문을 반복하며 묵상하는 동안, 저희에게 이 교리가 놀라운 길을 보여줄 것입니다. 왜냐하면, 20세기의 대표적 신학자 바르트가 말한 대로 이 교리는 '**하나님의 자기 계시**'이며, 몰트만이 말한 대로 '**하나님의 자기 진술**'이기 때문입니다.

끊임없는 분열과 다툼 속에서 우리의 가정과 교회와 사회와 나라 및 온 인류가 당해 온 고통과 아픔은 이루 다 헤아릴 수가 없습니다. 이러한 우리에게 성자 예수께서 말씀하셨습니다: "우리와 같이 저희도 하나가 되게 하옵소서"(요17:11). 성 삼위 하나님께서 하나가 되심 같이 우리도 하나가 되기를 원하셨고, 또 말씀하시기를: "아버지께서 내 안에, 내가 아버지 안에 있는 것같이 저희도 다 하나가 되어…."(요17:21) 하나가 되는 길을 저희에게 보여 주셨습니다. 그것이 삼위일체 교리입니다.

세상에는 많은 아픔이 있습니다. 인류의 타락 이후로 인간의 속성이 보여주는 거짓과 교만과 욕심과 불순종 때문입니다. 이것은 불행의 씨앗입니다. 성 삼위 하나님께서는 불행한 인류에게 참 구원의 기쁨, 영원한 행복을 주시기 위해 구속 역사를 베푸셨습니다. 그 구속 역사를 이루시는 성 삼위 하나님께서는 기쁨과 즐거움이 넘치는 코이노니아(교제) 속에서 말할 수 없는 행복을 저희에게 보여 주시고 저희로 하여금 본받게 하셨습니다. 그것이 삼위일체 교리입니다.

뿐만 아니라 당신의 영광의 교제 속으로 우리를 감히 초청해 주셨습니다: "우리가 보고 들은 바를 너희에게도 전함은 너희로 우리와 사귐이 있게 하려 함이니 우리의 사귐은 아버지와 그 아들 예수 그리스도와 함께 함이라"(요일 1:3). 놀라운 약속입니다. 아버지와 아들의 사귐 속에 사도들뿐만 아니라 우리까지도 초청해 주신 것입니다. 이 교리는 교리일 뿐만 아니라 인류를 향한 하나님의 약속이고 영광이요, 인생 행복의 비결입니다. 이 교리 속에 인류의 각종 문제의 해결책이 총 망라되어 함축되어 있음을 우리는 발견하게 됩니다. 그것을 알리는 것이 이 책을 기록한 목적입니다.

이 책은 2부로 나눕니다. 제1부는 삼위일체 교리를 통해 우리의 삶 속에 적용되는 길들, 나무로 치면 열매에 해당하는 부분을 취급했습니다. 제2부는 다소 딱딱한 교리, 나무로 치면 뿌리에 해당하는 부분을 다루었습니다. 원래는 제2부를 앞에 두었으나 독자들의 편리를 위해 좀 부드럽고 쉬운 부분 제1부를 앞에 두었습니다.

제1부 제1장 '**삼위일체, 하나가 되는 길**'에서는 성 삼위 하나님께서 하나 되신 그 과정과 그 내용을 살피며 우리 가정과 교회와 사회가 어떻게 하나가 될 수 있는지 그 비결을 배울 것입니다.

제2장 '**삼위일체, 행복의 길**'에서는 삼위일체 교리가 성도들의 삶과 교회 공동체 속에 어떻게 적용되고 실행되며 열매를 맺게 되는지를 논했습니다. 성 삼위 하나님께서 '**코이노니아**'(교제, 친교) 속에서 친밀히 교제하시며 나누시며 교통하심으로 온전히 하나가 되셨습니다. 그 속에 말할 수 없는 신비와 행복이 담겨 있음을 볼 것입니다.

제3장 '**삼위일체, 영광의 길**'에서는 좀 생소한 소재(素材), '**신격화**'를 다루었습니다. '**신격화**'는 옛 교부들의 가르침인데 주로 동방 정교회가 보존해 온 교리여서 서방 교회에 속한 한국 교인들에게는 좀 생소할뿐더러, '**인간의 우상화**'의 신격화와 혼동되어 불경스럽게 여겨질 수도 있습니다. 그러나, '**신격화**'는 성자 예수 그리스도의 '**성육신**' 교리에 긴밀히 연결된 기독교 정통 교리입니다. 성자 예수께서 인간의 몸을 입으시고 이 땅에 찾아와 주신 그 목적, 십자가 위에서 고난당하신 목적이 바로 믿는 자들의 '**신격화**'라는 것, 말할 수 없는 영광의 길이라고 하는 것을 찾아볼 것입니다.

제2부 제4장에서 삼위일체 교리가 어떤 것인지 살폈고, 제5장에서는 삼

위일체 교리가 형성된 과정과 역사, 그리고 내용을 적었습니다. 삼위일체 교리 논쟁의 시작은 '**하찮은 작은 질문 하나**'로 시작됐지만, 그것이 얼마나 큰 반향과 여파를 가져왔는지 그 역사를 입체적으로 기술하였습니다.

제6장, 결론에서 이 책의 총 주제를 정리하였습니다.

삼위일체 교리는 결코 '**참으로 사소한 것**'(콘스탄티누스 로마 황제)이 아닙니다. '**참으로 엄청난 것**'입니다. 삼위일체 교리를 지키기 위해 애쓴 모든 교부들과 믿음의 선진들께 감사하며, 이 어려운 교리를 신학적으로 해석해 준 해외와 국내 신학자들께 심심한 사의를 표합니다. 그러나, 누구보다 친히 삼위일체 교리의 주인이 되시는 성부 성자 성령, 성 삼위 하나님께 영원한 영광과 찬송을 올려 드립니다.

이 글을 읽는 모든 분들에게 성령의 도우심이 함께 하시길 간구합니다.

차례

04　머리말

제1부 삼위일체 하나님이 보여주신 길들

제1장 하나되는 길
- 17　제1장 하나되는 길
- 18　1. 하나님의 자기 계시, 자기 진술
- 19　2. 논쟁의 핵심은 성 삼위 하나님의 본질
- 24　3. 성자 예수는 성부 하나님보다 열등한 존재인가?
- 29　4. 삼위 하나님의 일체성
- 37　5. 삼위일체 교리가 깨어질 위기
- 44　6. 교회의 영원한 고백: 삼위일체 하나님

제2장 행복의 길
- 46　제2장 행복의 길
- 49　1. '나눔'의 코이노니아
- 69　2. '함께 하심'의 코이노니아
- 79　3. '동역하심'의 코이노니아
- 84　4. 감격의 초청

제3장 영광의 길
- 86　제3장 영광의 길
- 86　1. 신격화(神格化, deification)[01]
- 88　2. 신격화는 인간의 우상화가 아닌가?
- 90　3. 신격화 교리가 기독교의 정통 교리인가?
- 95　4. 신격화 교리가 성경적 근거가 있는가?
- 103　5. 한 촌에 한 아이가 있었습니다.

01　Deification(헬, theosis)은 신성화(神性化)로도 번역 가능하나 이미 신학자들이 공통적으로 '신격화'로 번역하였고 '신성화' 보다는 '신격화'가 내용적으로 본래의 의미에 더 부합하기에 이 글에서도 '신격화' 번역을 따름.

제2부　삼위일체 교리와 형성

109　제4장 삼위일체란?
110　1. 삼위일체의 정의
113　2. 삼위일체 교리 이해의 걸림돌
119　3. 어거스틴이 정리한 삼위일체
120　4. 어거스틴 이후의 삼위일체
121　5. 내재적 삼위일체론과 경륜적(경세적) 삼위일체론

124　제5장 삼위일체 교리의 형성
124　1. 니케아 공의회(325년) 이전의 삼위일체
128　2. 니케아 공의회(325년)와 삼위일체 교리 논쟁
134　3. 콘스탄티노플 공의회(381년)
142　4. 니케아-콘스탄티노플 공의회 이후의 삼위일체론
144　5. 계몽주의, 자유주의와 삼위일체
145　6. 바르트와 현대 신학자들

148　제6장 결론
148　1. 타종교의 하나님
149　2. 기독교의 삼위일체 하나님

부록
154　인명 및 사건 연표
157　참고문헌
159　설교 원문: '우리는 하나'

제1부

삼위일체 하나님이 보여주신 길들

들어가는 말:

제1부에서는 삼위일체 하나님께서 우리 인류를 위해 보여 주신 길들을 살필 것입니다. 우리는 이곳에서 놀라운 교리, 어느 종교나, 철학이나, 학문이나, 교훈에서도 볼 수 없었던 놀라운 살아 계신 하나님의 모습을 직접 보게 될 것입니다. 기독교가 고백하는 성 삼위일체의 하나님은 말로만 약속하시는 분이 아니십니다. 직접 성육신 하사 비극 속에 사는 우리를 찾아 오시고 십자가의 처절한 고통 속에서 우리에게 참 생명을 주셨고 구원을 베푸셨습니다. 우리는 삼위일체 교리를 통해 그 하나님께서 우리에게 놀라운 세 가지 길을 보여 주신 것을 확인하게 됩니다.

첫째, 하나되는 길입니다. 분열과 다툼의 인류 역사 가운데 성부, 성자, 성령 성삼위의 하나님께서 어떻게 하나가 되셨는지 우리에게 모델이 되어 주셨습니다. 그 가운데서 우리는 완전하고 완벽한 화합과 일치를 배울 것입니다.

둘째, 행복의 길입니다. 삼위일체 교리는 고독과 단절의 삶 속에 사는 우리 인류에게 성부, 성자, 성령 성삼위의 하나님께서 어떻게 사귐을 가지셨고 어떻게 교통하셨는지 그 말할 수 없는 행복의 모델을 보여 주고 있습니다. 우리는 그 교리 속에서 인류의 완전한 행복의 길을 발견하게 될 것입니다.

셋째, 영광의 길입니다. 신격화 교리는 주로 동방 교회가 지켜 온 교리인데 이 교리는 성자 예수의 성육신 교리와 깊이 연결돼 있습니다. 이 교리가 품고 있는 놀라운 하나님의 약속을 성서적으로 살피면서 영광의 길, 영생의 길을 찾을 것입니다.

제1장
하나되는 길

분열의 고통

분열은 비극과 고통의 시작입니다. 가정의 비극, 사회와 민족의 비극, 인류 역사의 비극은 모두 분열에서 시작됩니다. 분열은 다툼을 낳고 다툼이 커지면 전쟁이 됩니다. 인류는 이 분열의 비극을 알기에 이 비극을 피해 보려고 소통과 양보와 하나됨과 통일을 말합니다. 그래서 흔히 우리는 **"뭉치면 살고 흩어지면 죽는다"**[02]고 말하고, **"우리의 소원은 통일"**[03]이라고 노래 부릅니다. 모두 분열을 막아 보려는 인류의 몸부림들 중 하나라 말할 수 있겠습니다.

인류는 끊임없이 분열의 아픔을 겪어왔습니다. 바벨탑 사건 이후로 사람과 사람 사이에 언어 소통이 막히고 의사 전달이 단절되면서 나라와 민족이 갈라졌습니다. 그러나, 그 근본을 따지자면, 에덴 동산의 범죄까지 올라갑니다. 선한 하나님 말씀을 버리고 거짓되고 사악한 뱀(혹은 마귀)[04]의 유혹을 따른 인류는 교만과 욕심, 그리고 거짓과 불순종의 원죄의 속성을 떨쳐 버리지 못

---

[02] 1945년 10월 17일, 고 이승만 전 대통령이 미국에서 온 후로 라디오 방송을 통해 이 말을 처음 했다고 합니다. Cf. 인터넷, 소소한 지식 맛집
[03] 안석주 작사, 안병원 작곡의 동요. 1947년 발표되었습니다
[04] 사도 요한은 에덴의 뱀을 가리켜 '옛 뱀'이라 지칭했고 그의 정체를 '붉은 용', '옛 뱀', '마귀', '사단'이라고 하였습니다: "큰 용이 내어쫓기니 옛 뱀 곧 마귀라고도 하고 사단이라고도 하는 온 천하를 꾀는 자라 땅으로 내어쫓기니 그의 사자들도 저와 함께 내어쫓기니라"(계12:9).

했습니다. 이것이 모든 분열의 씨앗이고 모든 고통과 저주의 근원입니다. 가정의 분열, 교회의 분열, 사회의 분열, 이 모든 분열의 배후에는 늘 우리의 교만과 욕심, 그리고 거짓과 불순종이 있으며 그 결과는 늘 고통과 비극 뿐이었습니다.

어떻게 하면 이 분열의 고통에서 벗어날 수 있을까? 어떻게 하면 서로 마음이 통하고 한 마음이 될 수 있을까? 어떻게 하면 서로 화목하며 행복하게 살 수 있을까? 우리 인류의 최대의 질문이고 과제입니다. 삼위일체 교리는 이에 대하여 우리에게 놀라운 안목과 해답을 안겨줍니다.

1. 하나님의 자기 계시, 자기 진술

바르트(Karl Barth, 1886-1968)는 삼위일체론을 가리켜 역사 속의 한 구체적인 인물인 예수 그리스도를 통해 나타난 하나님의 자기 계시에 대한 교회의 교리적 표현이라고 하였고, 따라서 이 교리는 예수 그리스도의 계시가 구체적이듯 철두철미 구체적인 교리일 수 밖에 없다고 하였습니다. 몰트만(Jürgen Moltmann, 1926-) 역시 이 교리는 하나님의 본질에 대한 **'비실제적인 사변'**이 아니라, 예수 그리스도를 통해 우리를 찾아오신 하나님에 대한 진술이며 따라서 **"그리스도의 수난 이야기의 요약판"**[05]이라고 하였습니다.

삼위일체는 하나님의 자기 계시입니다. 또한 우리를 찾아오신 하나님의 진술입니다. 하나님께서는 자기 자신을 우리에게 나타내 보여주셨고 자기 자신을 진술해 주셨습니다. 이것이 삼위일체 교리입니다. 우리에게 구원 사건의 중심인 예수 그리스도를 통해서 삼위일체 하나님이 온전히 계시 되었다면 이 교리는 우리의 구원의 사건과 긴밀히 연결되어 있다고 해야 할 것입니다.[06] 우

---

05 Jürgen Moltmann, *The Crucified God: the Cross as the Foundation and Criticism of Christian Theology*, trans. R. A. Wilson and John Bowden(New York: Harper and Row, 1973), 246; 박만, *현대삼위일체 연구*, p. 18 재인용

06 Karl Barth, *Church Dogmatics I/1*, trans. Geoffery W. Bromiley(Edinburgh: T. and T. Clark,

리는 삼위일체 하나님의 자기 계시와 자기 진술을 성서 본문을 통해 깊이 살펴 보며 어떻게 성 삼위 하나님께서 일체가 되어 주셨는지 그 핵심과 과정을 살펴 볼 것입니다.

2. 논쟁의 핵심은 성 삼위 하나님의 본질

삼위일체 논쟁을 촉발시켰던 논쟁의 주제는 무엇이었을까요? 우리가 쉽게 짐작하듯이 성 삼위 하나님의 일체 되심이었을까요? 아닙니다. 325년 니케아 공의회가 열리기 전, 312년경 삼위일체 논쟁을 촉발시켰던 한 모임에서 알렉산드리아의 아리우스 장로가 알렉산더 대주교에게 던졌던 소위 말하는 '**사소한 질문**'[07]의 주제는 '**삼위의 하나님이 어떻게 일체가 되시느냐?**'가 아니라, 기독론적인 주제, 다시 말하면, '**성부 하나님과 성자 예수님의 본질이 같으냐? 다르냐?**' 하는 것이었습니다.

좀 빗나간듯한 이 질문은 니케아 공의회 내내 논쟁의 주요 쟁점이 되었고, 따라서, 니케아 공의회에서 성부 하나님과 성자 예수님의 본질이 같다고 주장했던 알렉산더 대주교의 동일본질(homoousius)론과 성부 하나님과 성자 예수님의 본질이 같은 것이 아니라 비슷하다고 주장했던 아리우스 장로의 유사본질(homoiousius)론의 충돌은 피할 수 없는 일이었습니다.[08]

성자 예수는 성부 하나님과 본질이 같으냐? 다르냐?
초기 교부들의 성부와 성자의 본질에 대한 질문은 결국 성자 예수의 존재론적인 질문이었습니다. 당시 이단자 아리우스가 주장하는 유사본질 이론에 따르면 성자 예수께서 성부 하나님으로부터 태어나셨다면, 태어나시기 전

1975, 479; 박만, *Ibid.*, p. 19 재인용
[07]   자세한 내용은 제2부 제5장 '발단은 사소한 질문 하나' 참조
[08]   자세한 내용은 제2부 제5장 '유사본질과 동일본질' 참조.

존재하지 않았던 때가 있었기 때문에 성부 하나님과 본질적으로 같을 수 없다는 것이었습니다. 그는 이렇게 말합니다:

"우리가 말하고 가르쳐 왔고 현재도 가르치고 있는 것은 무엇인가? 그것은…. 그가 출생하기 이전에는, 혹은 창조되기 이전에는, 작정되든가 세움을 받든가 하기 이전에는, 그가 존재하지 않았다는 것이다…."[09]

아리우스에 따르면 '**시작이 있는 존재**' 성자 예수는 성부 하나님의 창조 행동에 의하여 '**무로부터 생겨난 것**'이라고 보고 이를 근거로 성자 예수는 '**피조물**'(κτίσμα)이라고 하였습니다. 그렇다고, 성자 예수가 보통 다른 피조물과 같다는 말은 아닙니다. 성자와 성령은 출생된 자로서 다른 피조물보다는 높지만 성부보다는 낮은 반신반인(半神半人)의 위치에 있다고 보았습니다.[10] 성자 예수의 위치가 성부 하나님보다 못하지만 다른 피조물보다는 높다는 뜻입니다. 그는 또 이렇게 말합니다:

"그(아들)는 피조물이지만, 피조물들 가운데 하나와 같지 않다. 하나님의 작품(work)이지만 작품들 가운데 하나와 같지 않다. 소생이지만 소생들 가운데 하나와 같지 않다."[11]

본질이 같으냐, 다르냐, 이 문제가 왜 중요한가?

니케아 공의회를 비롯, 콘스탄티노플 공의회에서도 이 문제는 대단히 심각한 문제였습니다. 성부 하나님과 성자 예수님의 본질이 같지 않고 비슷하다 할 때, 성부 하나님과 성자 예수님은 하나가 되실 수 없습니다. 성부 하나님과 성자 예수님의 본질이 비슷하다는 말은 성부 하나님과 성자 예수님이 같지 않다는 말입니다. 본질이 다를 때, 성 삼위 하나님은 하나가 되실 수 없고, 따라서, 삼위일체 교리는 성립될 수가 없게 됩니다. 본질이 다른데 어떻게 하나

---

09 Athanasius, c. Ar. I. 6: ad Alex.; 김석환, *op. cit.*, p. 64 재인용
10 오영석, *신앙과 이해* (서울: 대한기독교서회, 1999), p. 72, 임홍빈, op. cit., p. 48.
11 임홍빈, *Ibid*. p. 67, 재인용

가 될 수 있겠습니까? 그래서, 이 문제는 대단히 심각한 질문이며, 따라서, 기독교의 공교회를 대표하는 고대 교부들은 이 문제를 안고 평생 씨름을 하였던 것입니다. 만약 아리우스의 유사본질의 주장이 공의회에서 채택되었더라면 삼위일체 교리는 우리 손에 전해지지 못했을 것입니다.

그래서, 니케아 공의회(325) 때의 주요 논제는 제1위 성부 하나님과 제2위 성자 예수님의 본질의 문제, 즉, 유사본질과 동일본질의 문제였습니다. 그러다 보니 제3위 성령 하나님의 본질의 문제는 니케아 공의회 때에는 잠시 논의가 보류 되었고, 그 후 콘스탄티노플 공의회(381) 때에 다시 논의되어 삼위일체 교리가 완성됩니다. 니케아 공의회 때에 성령 하나님의 본질의 문제가 보류된 것은 성령 하나님의 논의가 중요하지 않기 때문이 아니라 아리우스 이단의 문제 해결이 시급했기 때문이었습니다. 성자 예수님의 본질이 성부 하나님의 본질과 같다는 것이 논증되면, 성령 하나님의 본질도 성부 하나님의 본질과 같다는 것이 자연스럽게 논증되기 때문입니다.[12]

무시출생(無始出生, ἄναρχος γέννησις)

알렉산더 대주교는 성자가 피조물이라는 아리우스의 이런 주장에 대하여 대답해야 했습니다. 아리우스의 주장은 논리적으로 반박하기 어려웠습니다. 따라서 알렉산더 대주교는 성자 예수께서 시간과 무관하게 영원히 출생하시며, '**무로부터**'가 아니라 '**하나님으로부터 직접**' 오시고, 불변하시며, 완전하신 분이시라고 주장하였습니다. 성자 예수께서는 한 위격으로서 성부와 구분되며, 성부와 영원히 동등하시다고 하였습니다. 성자의 출생은 '**아버지 자신에게서 무시출생**'(無始出生, 시작이 없이 출생 하셨음)하셨다고 설명하였습니다.[13] 이전에 없던 새로운 용어를 만들며 아리우스 이단의 주장을 논박하였습니다. 무시출생이라는 용어가 성경에는 나오지 않지만, 그 내용은 성경에 나

---

12   이 책에서는 같은 이유로 성령론에 대한 논의를 생략합니다.
13   *Ibid*., p. 66.

옵니다. 성자 예수의 출생을 예언하면서 미가는 이렇게 말합니다:

"베들레헴 에브라다야 너는 유다 족속 중에 작을찌라도 이스라엘을 다스릴 자가 네게서 내게로 나올 것이라 그의 근본은 상고에, 태초에니라"(미5:2).

성경은 오실 메시아의 근본은 '**상고**'와 '**태초**'라고 말하였고, 예수님 스스로도 이렇게 말씀하십니다:

"아브라함이 나기 전부터 내가 있느니라"(요8:58).

무시출생이란 말은 출생하신 때가 없다는 말입니다. 알렉산더 대주교와 그의 후계자 아타나시우스(Athanasius, 296-373) 대주교는 왜 무시출생이라는 생소한 말을 만들어내면서 동일본질론을 주장했을까요? 그리고 왜 교회는 니케아 공의회를 통해 그들의 주장을 공교회의 고백으로 받아들였을까요?

인간은 시간 속에 사는 존재입니다. 그래서 하나님의 본질도 시간 속에서 이해하려고 합니다. 성자 예수는 무시출생으로 출생하셨다고 말할 때에 교부들은 이런 이해의 방식을 반대하였고, 하나님은 인간의 시간 속에서 시작하신 분이 아니시기 때문에 인간이 가진 시간 개념을 통해 세 위격의 종속성을 말하는 것은 문제가 있다고 보았습니다. 교부들은 시간의 개념을 초월하신 하나님을 인식함으로 무시출생이란 말을 만들어냈습니다.

이미 언급했듯이, 삼위일체 논쟁에서 가장 핵심되는 주제는 성자 예수의 본질이 성부 하나님의 본질과 같으냐 다르냐 하는 것이었고, 따라서 본질이란 말이 아주 중요한 용어로 떠오르게 됩니다. 그렇다면, 본질은 무엇입니까?

본질(헬, 우시아, οὐσια)

본질이란 헬라어 단어 우시아(οὐσια)는 본래 그리이스 철학자 플라톤(Platon, B.C. 428-B.C. 348)과 아리스토텔레스(Aristoteles, B.C. 384-B.C. 322)가 사용했던 철학 용어였는데, 초기 교부들은 품격이란 헬라어 휘포스타시스(ὑποστασις)란 말과 구분없이 이 용어를 사용하였습니다. 그러다가 갑바도기아의 대 바실이 우시아와 휘포스타시스를 보편과 특수로 비교 구분함으로써 그 이후로는 '우시아'는 '**본질**'을, '**휘포스타시스**'는 삼위의 '**품격**'을 의미하는 말로 구분해서 사용하게 되었고, 우시아는 본질의 보편성(καινόν)을, 휘포스타시스는 본질의 특수성(τὸ καθ᾽ ἕκαστον)을 나타내는 말로 사용하게 되었습니다. 서방의 교부들은 이 말을 라틴어 essentia(essence, 본질), 혹은 substantia(substance, 실체)라는 말로 번역하여 삼위일체 논쟁에서 사용하였습니다.[14]

아타나시우스의 삼위일체론은 동일본질론입니다. 이단자 아리우스의 유사본질론은 성부와 성자의 본질이 다르고 질적인 차이가 있다고 보았습니다. 동일본질론은 성부와 성자가 동일한 본질을 소유했다는 주장입니다. 즉, 아버지의 본질이 낳음을 통해 아들에게 그대로 전달되었다고 봅니다. 그리하여 아들은 전적으로 하나님이라고 아타나시우스는 규정합니다.[15] 그리하여 성부와 성자의 본질인 영원성과 선함과 불변함 등 모든 것이 동일하고 아버지에게 있는 본질이 그대로 아들에게도 있다고 보았습니다.

삼위일체론에서 가장 중요한 주제는 바로 성삼위 하나님의 본질의 문제입니다. 갑바도기아 교부들은 근본적으로 하나님의 본질은 우리가 알 수 없다고 말합니다. 닛사의 그레고리에 따르면 인간이 하나님의 존재에 대해서는 알지만, 그분의 본질에 대해서는 무지하다는 것입니다. 그는 이렇게 말합니다:

"하나님의 본성은 이름 지을 수 없고 말할 수 없다. 우리는 우리의 관습에 따라 생성된 용어나 성경의 용어들로 거룩한 하나님의 본성을 설명하고 있긴 하지만, 그 본성 자체의 의미를 내포하지는 않는다."[16]

그래서, 인간은 하나님의 본질에 대해서는 알 수 없지만 하나님의 일하심(operation)을 통해 하나님을 파악하게 된다고 하였습니다.[17]

---

14 장대식, *op. cit.*, p. 35-36.
15 Athanasius, *contra Arianos*, I, 25; II, 26; 임홍빈, *op. cit.*, p. 54, 재인용.
16 닛사의 그레고리, *Ad Ablabium, quod non sint tres dei (To Ablabius, On not Three Gods)*, The Catholic Encyclopedia in website.
17 임홍빈, *op. cit.*, p. 62f.

성부, 성자, 성령은 본질의 이름이 아니라 관계의 이름

갑바도기아 교부들 중 나찌안쥬스의 그레고리는 성부, 성자, 성령의 이름은 어떤 본질을 뜻하는 이름이나 행위를 뜻하는 것이 아니라, 관계를 뜻하는 것이라고 하였습니다.[18] 아버지와 아들을 '관계 속에서 서로 마주 선 존재'로 보았습니다. 이 관계 속에서는 누가 본질을 더 높이, 혹은 더 많이 갖는다고 말할 수 없게 됩니다. 만약, 그렇게 되면 관계의 균형은 곧바로 깨어져 버리기 때문입니다. 아버지와 아들의 관계에서 아버지는 아들을 낳습니다. 이 낳음을 통해 아버지의 본질은 그대로 아들에게 이어집니다. 그래서 아버지와 아들의 본질은 동등한 본질이 됩니다. 관계 속에서 이해할 때 아버지와 아들의 본질이 같음을 이해할 수 있습니다.

성령의 출원에 대해서도 갑바도기아 교부들은 종속적인 이해를 경계합니다. 성령은 아버지로부터 출생한 것이 아니라 출원(出源, ἐκπόρευσις, procession), 혹은 발출(發出)되었다고 설명했는데, 출원이란 그로부터 나오는 것을 말합니다. 출원은 피조물처럼 만들어지는 것이 아니라, 한 존재가 그의 본질을 밖으로 내오는 것을 말합니다. 그래서, 성령은 무로부터 창조된 피조물도 아니고, 출생한 아들도 아닙니다. 아버지가 자신의 본질을 밖으로 유출해서 동일한 본질을 가진 성령으로 출원한 것이라고 하였습니다.[19] 그래서, 성부, 성자, 성령은 본질이 같으시며 하나가 되셨습니다.

3. 성자 예수는 성부 하나님보다 열등한 존재인가?

아리우스와 그를 따르는 이단자들이 정통 삼위일체 교리를 비판하기 위해 다음 성경 구절을 인용하였습니다:

"그러므로 예수께서 저희에게 이르시되 내가 진실로 진실로 너희에게 이

---

18 Gregory of Nazianzus, *Orationes*, 29. 16; 임홍빈, p. 70.
19 김석환, *교부들의 삼위일체론*, p. 187.

르노니 아들이 아버지의 하시는 일을 보지 않고는 아무것도 스스로 할 수 없나니 아버지께서 행하시는 그것을 아들도 그와 같이 행하느니라"(요5:19).

이 말씀에서 성자 예수께서는 '**아버지의 하시는 일을 보지 않고는 아무것도 스스로 할 수 없(다)**'고 하였습니다. 혼자 아무것도 마음대로 할 수 없다면 혼자 마음대로 하실 수 있는 아버지보다 열등한 존재가 아니냐? 논리적으로 매우 그럴듯하여 많은 이들이 그를 따랐습니다.

반박하기 힘든 그의 논리를 교부 닛사의 그레고리는 성자 예수는 시간이 있기 전에 외부 원인이 개입하지 않은 상태에서 성부에게서 나온 존재라고 반박합니다. 따라서, 성자가 무지하고 무엇을 배워야 하기 때문에 성부를 모델삼아야 한다는 것으로 볼 수 없다고 말합니다. 이것은 아버지의 뜻을 실행하시는 아들의 종속적 의지행위를 가리킵니다. 이것은 성부와 성자의 이중적인 중복 행위가 아니라, 성부와 성자의 일체적인 단일 행위를 가리키는 것이라고 하였습니다. 곧, 아버지의 일이 그리스도 안에서 실행됨을 말합니다. 따라서, 요한복음 5:19절의 본문은 성자 예수께서 성부 하나님과 같은 권위를 갖고 계심을 알려준다고 하였습니다.

요한복음 6:57절, "살아계신 아버지께서 나를 보내시매 내가 아버지로 인하여 사는 것 같이 나를 먹는 그 사람도 나로 인하여 살리라" 하신 말씀도, 성자 예수께 영원 자존(自存)의 생명이 없다는 말씀이 아니라, 다만 중보자로서의 그의 입지를 가리킨 것이라고 설명합니다. 그는 하나님의 아들의 위치에 계신 것만큼, 그의 생명 주시는 역사는 아버지로 말미암는 것입니다. 아버지께서 영원 자존하신 것만큼 그 역시 영원 자존하십니다.

요한복음 17:10절, "내 것은 다 아버지의 것이요 아버지의 것은 내 것이온데 내가 저희로 말미암아 영광을 받았나이다" 말씀하십니다. 이는 아버지와 아들이 동등함을 말해 줍니다. 예수께서 '**내 것**'이라 말씀하신 것은 '**예수의 말씀**'(7, 8절), '**만민을 다스리는 권세**'(2절), '**그에게 속한 제자들**'(6, 9절), 뿐만 아니라 곧 인류를 위해 십자가 위에서 드리실 당신의 귀한 생명, 그리고 창세 전부터 아버지와 함께 지녔던 신적인 존재와 영광을 포함한 모든 것을 말합니다. 따라서 아들 예수의 인성(人性)은 아버지 하나님의 것이며 아버지의 신성(神性)도 아들 예수의 것입니다. 이것은 아들 예수와 아버지 하나님만이 가질 수 있는 유일무이(唯一無二)한 부자 관계임을 나타내줍니다. 따라서 성부와 성자는 온전히 하나가 되십니다.

삼위일체 하나님의 자기 계시

갑바도기아 교부들 중 한 분인 닛사의 그레고리는 삼위일체 하나님의 본질에 대해서 우리 인간은 알 수 없다고 말합니다. 닛사의 그레고리 뿐만 아니라 많은 학자들도 삼위일체 교리의 신비와 인간의 무지함을 토로하였습니다.[20]

그럼에도 불구하고 바르트는 삼위일체 교리가 하나님의 자기 계시임을, 그리고 몰트만은 하나님의 자기 진술임을 밝혀 주었습니다. 사도 요한은 성자 예수께서 성부 하나님을 나타냈다고 증언합니다: "본래 하나님을 본 사람이 없으되 아버지 품 속에 있는 독생하신 하나님이 나타내셨느니라"(요1:18). 우리는 교부들의 고백대로 무한한 영광과 신비에 속한 하나님의 본질을 알 수 없지만, 하나님의 자기 계시와 자기 진술로 말미암아 우리 인간을 향한 하나님의 구원의 역사, 그리고 인간을 향한 귀한 뜻과 마음, 그 진심을 우리는 헤아릴 수 있습니다. 사도 요한의 증언입니다: "말씀이 육신이 되어 우리 가운데 거하시매 우리가 그 영광을 보니 아버지의 독생자의 영광이요 은혜와 진리가 충만하더라"(요1:14).

현대의 신학자들은 삼위일체론을 기독교인의 삶과 실천의 신학적 근본 원리로 삼을 수 있다고 보고 삼위일체 교리 속에서 정치, 사회, 생태계의 여러 문제와 다른 종교와의 만남과 대화를 위한 기독교적인 원리를 찾기도 합니

---

[20] 더 자세한 내용은 제2부 제4장 '삼위일체의 신비성'을 참조.

다.[21] 몰트만은 삼위일체론에서 자유와 평등의 교리를 찾습니다.[22] 하나님이 그 본질상 성부, 성자, 성령의 사랑과 평등의 공동체라면 하나님은 당연히 인간 사회 역시 사랑과 평등에 근거한 공동체가 되기를 원하실 것이기 때문입니다.

성 삼위 하나님의 전유성(專有性)

성부, 성자, 성령의 위격의 다양성, 또는 3중성을 나타내는 표현 방식으로 학자들은 전유(專有, appropriations)란 개념을 사용합니다. 전유란 하나님의 역사에 있어서 삼위의 각 위격마다 특정한 속성이 있다고 보는 것인데, 이 전유성으로 말미암아 각 위격은 구분이 됩니다. 중세 정통적인 공교회의 가르침은 성부에게는 전능(全能)을, 성자에게는 전지(全知, Logos)를, 성령에게는 전선(全善)을 전유시켰습니다. 칼빈은 성부에게 태초의 근원(principium)을, 성자에게 지혜(sapientia)를, 성령에게 덕성(virtus)을 전유시켰습니다. 루터는 교리문답에서 창조주이신 하나님 아버지, 구속주이신 성자, 성화시키시는 성령이라고 표현하였습니다. 바르트는 성부를 창조주 하나님이라, 성자를 화해자 하나님이라, 성령을 구속주 하나님이라 불렀습니다. 벌코프는 창조는 성부에게, 구속은 성자에게, 성화는 성령에게 전유시켰습니다. 표현은 조금씩 다르지만, 성 삼위 하나님의 독특한 품격을 개별적으로 표현하려했던 것임을 알 수 있습니다. 종합적으로 말하자면, 성부 하나님께는 창조를, 성자 하나님께는 구속을, 성령 하나님께는 성화를 전유시킨 것을 알 수 있습니다.[23]

성 삼위의 하나님, 창조주가 되신 성부 하나님, 구속주가 되신 성자 하나

---

21 예를 들면, 위르겐 몰트만, 레오나르도 보프(Leonardo Boff), 다니엘 이글리오리(Daniel Migliore) 등은 삼위일체 교리에서 자유롭고 평등한 사회 및 생태계 보존을 위한 신학적 원리를 찾으며, 엘리자베스 존슨(Elizabeth Johnson)이나 캐서린 라쿠냐 같은 여성 신학자들은 가부장 사회에서의 여성의 해방과 인간성 회복의 근거를 발견하며, 레이몬드 파니카(Reimond Panikkar), 개빈 드코스타(Gavin D'Costa) 등은 이 교리에서 다른 종교와의 만남과 대화를 위한 신학적 근거를 찾으려고 합니다. 박만, *op. cit.*, p. 20.

22 Jürgen Moltmann, *The Trinity and the Kingdom of God*, trans. Margaret Kohl(London: SCM Press, 1981), 218; 박만, op. cit., p. 21, 인용.

23 김광식, *op. cit.*, p. 175, 장대식, *op. cit.*, p. 39.

님, 보혜사가 되신 성령 하나님, 삼위의 하나님께서 어떻게 일체가 되시느냐? 우리는 성경을 통해 우리에게 계시된 성 삼위 하나님의 일체가 되신 그 길을 더듬어 볼 것입니다. 이 일을 위해 일찍이 갑바도기아의 세 교부들과 여러 교부들이 페리코레시스라는 말을 사용했던 것을 보게 됩니다. 페리코레시스는 무엇입니까?

페리코레시스(Perichoresis)

페리코레시스는 이미 살펴 보았듯이 상호통재(相互通在), 상호내주(相互內住, co-inherence), 상호관통(相互貫通, interpenetration)[24]를 뜻합니다. 원래 '**코레인**'(χωρεῖν)이란 말은 하나님에 의해 창조된 모든 것들의 충만(또는 침투, pervasion)에 대한 기술적인 표현입니다. 모든 것에 편만하신 영으로서 하나님께서는 모든 공간에 편재하시며, 모든 물질(matter)을 담으시는(hold), 즉 우주를 포용하시는(contain) 분이라는 뜻을 내포하고 있습니다.[25] 이 말이 삼위일체론에서 중요한 역할을 담당하게 된 것은 바로 성 삼위의 하나님께서 각기 고유의 품격과 고유성을 지니시면서도 온전히 하나가 되시는 것을 잘 설명해 줄 수 있기 때문입니다.

성부 하나님은 창조주 하나님이십니다. 성자 예수님은 구속주 하나님이십니다. 성령 하나님은 보혜사 하나님이십니다. 창조주 하나님, 구속주 하나님, 보혜사 하나님은 페리코레시스적인 교제 속에서 상호통재하시고 상호내주하시면서 하나의 공동체를 이루십니다.

"아버지는 나보다 크심이니라"

어거스틴(Augustinus of Hippo, 354-430)은 요한복음 14:28절, "**아버지는 나보다 크심이니라**"는 말씀 가지고 씨름하였습니다. 이단자들은 이 말씀을 통

---

24 김석환, *op. cit*., p. 249.
25 G. L. Prestige, *God the Patristic Thought*, Lodon: SPCK, 1952, p. 289, 김석환, *op. cit*., p. 249.

해 성자 예수님은 성부 하나님보다 작으시기에 성부와 성자의 본질이 같은 것이 아니라고 주장했습니다. 성경에는 이렇듯 성부가 성자보다 크다는 것을 알리는 말씀이 나오는데 그 중 하나가 바로 이 말씀입니다. 이 말씀을 그대로 읽으면 성부는 성자보다 크십니다. 그러면 이 말씀이 성부와 성자의 본질이 같은 것이 아니라 비슷하다고 주장했던 이단자 아리우스의 주장을 뒷받침해 주는 것 같습니다. 정말 그럴까요? 정말 그렇다면, 삼위일체 교리는 성립할 수 없습니다.

어거스틴은 여기에서 사도 바울의 진술을 인용합니다: "그는 근본 하나님의 본체시나 하나님과 동등됨을 취할 것으로 여기지 아니하시고, 오히려 자기를 비워 종의 형체를 가져 사람들과 같이 되었고 사람의 모양으로 나타나셨으매 자기를 낮추시고 죽기까지 복종하셨으니 곧 십자가에 죽으심이라"(빌2:6-8).

성자는 원래 성부의 본체였습니다. 그러나 성자께서는 성부의 뜻을 이루시기 위해 성육신하셨습니다. 성자가 종의 형체로 세상에 오시면서 그는 인간 예수 그리스도가 되셨습니다. 요한복음 14:28절, **"아버지는 나보다 크심이니라"**는 말씀은 그리스도가 인간으로 오신 상태를 말씀하는데, 이 때 종의 형체를 입으신 그로서 그 자신은 성부보다 작다는 의미라고 해석하였고, 따라서 영원전부터 계신 성부와 성자의 본질은 같은 것이라고 하였습니다.[26] 성자 예수는 성육신하셔서 자신을 낮추셨고 수난 당하시고 희생 당하셨습니다. 아버지보다 작아지셨습니다. 그러나 그의 본체는 하나님과 동등되십니다.

4. 삼위 하나님의 일체성

어거스틴은 세 위격의 일체성을 사랑으로 형성되는 일체라고 봅니다. 성서에서 하나님은 사랑이라 했고, 사랑 속에서 심위일체를 이룬다고 하였습니

---

26   Augustine, De Trinitate, 임홍빈, *op. cit.*, p. 80f.

다. 성부, 성자, 성령을 '**사랑하는 이**', '**사랑 받는 이**', 그리고 '**사랑**'이라고 사랑의 삼위일체를 말했습니다.[27]

창조주 되신 성부 하나님께서 인류를 사랑하사 독생자 예수를 보내주셨습니다(요3:16, "하나님이 세상을 이처럼 사랑하사 독생자를 주셨으니...."). 구속주 되신 성자 예수께서도 인류를 사랑하사 성육신하시고 이 땅에 오셔서 대속의 피를 흘려 성부 하나님의 뜻을 이루셨습니다(요19:30, "내가 다 이루었다"). 보혜사가 되신 성령께서 우리에게 임하사 하나님의 사랑을 우리 마음에 부어 주셨습니다(롬5:5, "우리에게 주신 성령으로 말미암아 하나님의 사랑이 우리 마음에 부은 바 됨이니...."). 성부와 성자와 성령은 사랑으로 하나가 되셨습니다.

창조주 하나님, 구속주 하나님, 보혜사 하나님은 페리코레시스적인 교제 속에서 상호통재하시고 상호내주하시고 상호관통하시면서 하나의 공동체를 이루시는 것을 삼위의 하나님의 사역 속에서 우리는 보게 됩니다.

성부 하나님의 창조 사역 속에 성자 하나님이 함께 하시고 함께 일하셨습니다. 요한복음 1:1-3절에 이렇게 말씀합니다: "태초에 말씀이 계시니라 이 말씀이 하나님과 함께 계셨으니 이 말씀은 곧 하나님이시니라. 그가 태초에 하나님과 함께 계셨고, 만물이 그로 말미암아 지은 바 되었으니 지은 것이 하나도 그가 없이는 된 것이 없느니라". 성자 예수께서 말씀으로 성부 하나님의 창조 사역에 함께 하신 것을 증거합니다.

뿐만 아니라, 성부 하나님의 창조 사역 속에 성령 하나님이 함께 하셨습니다: "....하나님의 신은 수면 위에 운행하시니라"(창1:2); "주의 영을 보내어 저희를 창조하사...."(시104:30). 그러므로, 성부, 성자, 성령께서 성부의 창조 사역에 '상호통재'하셨고 '상호내주'하신 것을 확인하게 됩니다.

---

[27] *Ibid.*, p. 85.

성부, 성자, 성령의 상호내주하심

구속주 예수 그리스도의 사역 속에도 성부 하나님과 성령 하나님께서 상호내주하시고 상호통재하심을 보게 됩니다. 하나님께서는 에덴에서 아담과 하와로 범죄케 한 뱀을 향하여 이렇게 말씀합니다: "네가 이렇게 하였으니 네가 모든 육축과 들의 모든 짐승보다 더욱 저주를 받아 배로 다니고 종신토록 흙을 먹을지니라"(창3:14) 그리고 이어서 이렇게 말씀합니다: "내가 너로 여자와 원수가 되게 하고 너의 후손도 여자의 후손과 원수가 되게 하리니 여자의 후손은 네 머리를 상하게 할 것이요 너는 그의 발꿈치를 상하게 할 것이니라"(창3:15). 뱀과 여자가 원수가 되고 뱀의 후손도 여자의 후손과 원수가 되게 하시겠다고 말씀합니다.

이 구절을 교회는 교부시대부터 '**원시복음**'이라 불렀고 구속사의 시작으로 보았습니다.[28] 이 구절에서 '**여자의 후손**'은 예수 그리스도를 가리키며, '**네 머리를 상하게 할 것**'은 예수 그리스도가 사탄을 이겨 부활하게 될 것을 예언한 것이며, '**너는 그의 발꿈치를 상하게 할 것**'은 마귀에게 그가 성자 예수를 십자가에 못박게 될 것을 예언한 것이라고 보았습니다. 이 구절은 성자 예수의 출생과 십자가의 수난과 영광의 부활을 예언한 원시 복음이라고 해석하였습니다. 곧 예수 그리스도의 출생과 더불어 십자가와 부활로 향한 성자 예수의 구속 역사가 시작된 것입니다.

성자 예수의 출생에 성부 하나님과 성령 하나님은 관여하셨고 내주하셨습니다. 성자 예수님은 성부 하나님께서 보내셔서 이 땅에 출생하셨습니다. 성자 예수께서 말씀합니다: "내가 하나님께로 나서 왔음이라 나는 스스로 온 것이 아니요 아버지께서 나를 보내신 것이니라"(요8:42). 성자 예수는 성부 하나님이 보내셔서 이 땅에 오셨습니다. 성자 예수의 출생에는 성령 하나님도 관

---

[28] 전정구, 하나님 나라와 언약적 관점으로 보는 성경신학(Biblical Theology: Covenants and the Kingdom of God in Redemptive History, trans. by Kim, Tae-Hyung), 부흥과 개혁사, 2019, p. 37.

여하셨습니다. 남자를 알지 못하는 동정녀 마리아에게 천사는 말합니다: "성령이 네게 임하시고 지극히 높으신 이의 능력이 너를 덮으시리니 이러므로 나실 바 거룩한 자는 하나님의 아들이라 일컬으리라"(눅1:35).

성자 예수의 구속 사역에도 성부와 성령의 관여와 내주하심이 있었습니다. 그리스도 예수께서 세례 요한으로부터 요단강에서 세례를 받으실 때 성령이 임재하셨습니다. 성자 예수께서는 "하늘이 열리고 하나님의 성령이 비둘기 같이 내려 자기 위에 임하심"(마3:16)을 보셨고 하늘로부터 성부 하나님의 음성을 들으셨습니다: "이는 내 사랑하는 아들이요 내 기뻐하는 자라"(마3:17). 뿐만 아니라 성자 예수의 구속 사역 내내 성부 하나님께서 함께 하셨고(요5:17, 19, 20, 36, 37, 6:44, 8:18, 12:28 등등), 성령 하나님께서도 함께 하셨습니다(마4:1, 12:28, 눅4:14, 10:21 등등). 성 삼위 하나님의 상호통재와 상호내주하심을 보게 됩니다.

성령 하나님은 성부 하나님과 성자 예수로부터 출원, 혹은 발출하셔서 이 땅에 하나님께서 백성들의 공동체 교회를 세우시고, 교회를 통하여 하나님께서 나라를 확장하시고 이루시는 성부 하나님의 영이시요, 성자 예수의 영이십니다. 예수께서 말씀하십니다: "내가 아버지께로서 너희에게 보낼 보혜사 곧 아버지께로서 나오시는 진리의 성령이 오실 때에 그가 나를 증거하실 것이요"(요15:26). 성령은 성부 하나님께로서 나오십니다. 뿐만 아니라 성자 예수를 증거하십니다. 성령의 사역 중에는 성부 하나님과 성자 예수께서 상호통재하시고 상호내주하시며 성령의 사역에 관여하십니다.

성자 예수의 본질상 성부와 일체되신 사역

우리의 관심은 성자 예수께서 성육신하셔서 이 땅에 오셨을 때에 어떻게 성부 하나님과 성자 예수께서 본질상 하나가 되셨느냐 하는 점입니다. 성부 하나님, 성자 예수님, 성령 하나님, 삼위의 하나님께서는 고유한 품격을 각각 지니신 분들입니다. 그러나 본질에서 통일을 이루시고 하나가 되십니다. 그 과정을 갑바도기아 교부들은 페리코레시스라는 용어를 빌려 설명하였습니다.

성자 예수는 주권적인 권세를 갖고 계십니다: "이를 내게서 빼앗는 자가 있는 것이 아니라 내가 스스로 버리노라 나는 버릴 권세도 있고 다시 얻을 권세도 있으니 이 계명은 내 아버지에게서 받았노라 하시니라"(요10:18). 성자는 목숨을 버릴 권세도 있고 다시 얻을 권세도 있으며, 이 권세를 누가 성자로부터 빼앗는 자가 있는 것이 아니라, 성자 스스로 버리신다고 말씀합니다. 그리고, 성자 예수는 성부 하나님으로부터 이 계명을 받았다고 말씀합니다: **'이 계명은 내 아버지에게서 받았노라'**.

성부 하나님과 성자 예수는 이미 서로 아는 일에 하나가 되셨습니다. 성자 예수께서 말씀하셨습니다: "아버지 외에는 아들을 아는 자가 없고 아들과 또 아들의 소원대로 계시를 받는 자 외에는 아버지를 아는 자가 없느니라"(마 11:27). "나는 선한 목자라 내가 내 양을 알고 양도 나를 아는 것이 아버지께서 나를 아시고 내가 아버지를 아는 것 같으니 나는 양을 위하여 목숨을 버리노라"(요10:14f). 성부와 성자의 본질이 같다는 말은 성부와 성자의 **'아는 것'**이 같다는 말이고 **'상호통재'**하셨고 **'상호내주'**하셨습니다.

본질상 하나되심

성부 하나님과 성자 예수의 본질을 피조물된 인간이 다 파악할 수 없습니다. 다만 짐작하는 것은 성부와 성자의 본질은 영원함과 거룩함과 영화스러움입니다. 동시에 생명입니다. 성자 예수는 이렇게 말씀합니다: "아버지께서 자기 속에 생명이 있음같이 아들에게도 생명을 주어 그 속에 있게 하셨고…."(요5:26). 성부와 성자의 본질은 생명에서 하나가 되십니다. 뿐만 아니라 이미 서로 사랑함에서 하나가 되셨습니다: "아버지께서 나를 사랑하시는 것은 내가 다시 목숨을 얻기 위하여 목숨을 버림이라"(요10:17). 이 구절에서 **'목숨을 버리노라'**는 표현은 바로 전전절 15절의 반복입니다. 이미 15절에서 **'아는 일'**에 하나가 되신 성부와 성자입니다. 서로 아실 뿐만 아니라 생명으로, 또한 사랑함에서 하나가 되어, '**상호통재**'하셨고 '**상호내주**'하셨고 '**상호관통**'하신 것을 보게 됩니다.

서로 앎으로, 그리고 서로 사랑함으로, 상호통재하시고 상호내주하신 성부와 성자는 온전히 하나가 되셔서 성자 예수는 목숨도 버리게 됩니다. 여기에서 우리는 성부 하나님과 성자 예수의 서로 앎과 사랑의 내용은 무엇일까 묻게 됩니다.

우리는 그 해답을 본문 14절과 15절에서 찾게 됩니다: "나는 선한 목자라 내가 내 양을 알고 양도 나를 아는 것이 아버지께서 나를 아시고 내가 아버지를 아는 것 같으니 나는 양을 위하여 목숨을 버리노라"(요10:14-15). 앎과 사랑의 대상이 나옵니다. 바로 선한 목자가 이끌어야할 양들, 우리 사람들, 하나님의 백성들을 말합니다. 앎의 대상과 사랑의 대상은 우리 인간입니다.

성부 하나님의 인류를 향한 원대한 은혜의 경륜

성부 하나님은 일찍부터 타락한 인간을 구속하시기 위해 구속 역사를 계획하셨습니다. 이것을 구약의 선지자들은 하나님의 '**새 일**'(사42:9, 43:19, 48:6, 렘31:22)이라 불렀고, '**복**'(창12:2, 22:17, etc.)이라 불렀습니다. 신약에서는 이것을 천국 '**복음**'(마4:23, 9:35 등등)이라, 혹은 '**하나님의 나라**'/'**천국**'(마12:28, 19:24, 21:31, etc.)이라 불렀고, 사도 바울은 은혜의 '**경륜**'(엡1:9, 3:2, 골1:25, 딤전1:4)이라 불렀습니다.

성부 하나님께서는 일찍이 아브라함에게 '**땅의 모든 족속**'(창12:3)이 받을 '**큰 복**'(창12:2, 22:17)을 주시마고 '**맹세로 약속**'(히6:13) 하셨습니다. 이 약속은 그의 독생 성자 예수를 이 땅에 보내셔서 이루시게 될 구속의 역사입니다. 마침내 성자 예수의 탄생을 알리며 천사는 '**온 백성에게 미칠 큰 기쁨의 좋은 소식**'(눅2:10)을 전했습니다.

인류는 에덴 동산에서 범죄한 후 저주 아래 살고 있습니다. 눈물이 그칠 날이 없었고, 누구나 사망의 권세를 피할 수 없었고, 지구촌 곳곳에서 가슴을 찢는 애통과 애곡의 탄식 소리가 그칠 날이 없었습니다. 사람 사는 곳이면 어디서나 아픔과 고통의 신음 소리가 멈추질 않았습니다(계21:4). 이것이 인류 역사이고 인류 사회의 적나라한 실상입니다. 사도 바울은 인류의 범죄로 말미암아 함께 고통 당하는 피조물의 탄식(롬8:22)소리와 몸의 구속을 기다리는 성도들의 탄식(롬8:23) 소리를 들었습니다.

아버지 하나님은 이러한 인류를 사랑하사 그 모든 저주와 사망에서 인류를 구원하시기 위해 원대한 구속 역사를 준비하셨습니다. 이것을 성자 예수께서 아셨습니다. 성부 하나님께서 그 나라를 그의 백성들에게 주시기를 기뻐하심을 성자 예수께서 아셨습니다: "적은 무리여 무서워 말라 너희아버지께서 그 나라를 너희에게 주시기를 기뻐하시느니라"(눅12:32). 그리고 아버지 하나님과 같은 사랑으로 그 말씀을 이루시기 위해 이 땅에 오셔서 당신의 목숨을 버리시기로 작정하셨습니다(요10:14, "나는 양을 위하여 목숨을 버리노라"). 안식일에 병자를 고친 것으로 성자 예수께서 유대인들에게 핍박을 받으실 때에 "내 아버지께서 이제까지 일하시니 나도 일한다"(요5:17) 말씀하시면서 구속의 일을 잠시도 중단하지 아니하셨습니다.

성부 하나님을 아신 성자 예수

성부는 성자를 알며, 성자는 성부를 압니다. "나는 선한 목자라 내가 내 양을 알고 양도 나를 아는 것이 아버지께서 나를 아시고 내가 아버지를 아는 것 같으니 나는 양을 위하여 목숨을 버리노라"(요10:14-15). 성자 예수께서 성부 하나님의 인류 사랑을 아십니다. 뿐만 아니라 성부께서도 성자가 인류를 사랑하사 그 목숨 버리실 것을 아십니다. 사랑과 아는 일에 온전히 하나가 되셨습니다. 이것이 성부와 성자의 본질이 하나되심을 증거합니다.

성자 예수께서는 성부 하나님과 아는 일과 사랑하는 일에 온전히 하나가 되기 위하여 성부 하나님은 성자 예수의 하시는 일을 증거합니다: "내가 나를 위하여 증거하는 자가 되고 나를 보내신 아버지도 나를 위하여 증거하시느니라"(요8:18).

그렇다면, 성자 예수께서 성부 하나님과 하나가 되시기 위해 무엇을 하셨을까요?

성자 예수의 사역

성자 예수께서 인류를 사랑하시고 구속하시기를 원하시는 성부 하나님의 일을 이루시기 위해 무엇을 하셨는지 우리가 살펴야 하는 이유가 있습니다. 그것은 바로 성 삼위 하나님께서 어떻게 하나가 되셨는지를 우리에게 계시하시기 때문입니다. 우리는 봐야 합니다. 그리고 배우고 우리도 따라서 하나가 되어야 합니다. 주님이 바로 이것을 원하시기 때문입니다:

"우리와 같이 저희도 하나가 되게 하옵소서"(요17:11).

"이는 우리가 하나가 된 것같이 저희도 하나가 되게하려 함이니이다"(요17:22).

첫째, 성자 예수께서 성부 하나님과 하나가 되시기 위해 우리에게 보여주신 것은 그의 겸손입니다. 그는 겸손해지셨고 낮아지셨습니다. 이것을 사도 바울은 "그는 근본 하나님의 본체시나 하나님과 동등됨을 취할 것으로 여기지 아니하시고 오히려 자기를 비워 종의 형체를 가져 사람들과 같이 되었고 사람의 모양으로 나타나셨으매 자기를 낮추시고...."(빌2:6-7)라고 말씀합니다.

그는 근본 하나님의 본체셨습니다. 그러나 하나님과 동등됨을 취하지 아니하시고 종의 형체를 가지셨습니다. 사람들과 같이 되셨고 사람의 모양으로 나타나셨습니다. 그것은 성부 하나님과 하나가 되시기 위한 겸손이었습니다.

우선 뜻을 같이하셨습니다. 당신의 뜻을 아버지 하나님의 뜻과 일치시키셨습니다. 성자 예수는 이렇게 말씀합니다: "내가 하늘로서 내려온 것은 내 뜻을 행하려 함이 아니요 나를 보내신 이의 뜻을 행하려 함이니라"(요6:38f.). 성육신 하신 목적이 당신의 뜻을 행함이 아니요, 성부 하나님의 뜻을 행하기 위함이라고 하셨습니다. 그 아버지의 뜻도 밝혀 주십니다. 곧, "나를 보내신 이의 뜻은 내게 주신 자 중에 내가 하나도 잃어버리지 아니하고 마지막 날에 다시 살리는 이것이니라"(요6:39) 말씀합니다. 하나님께 속한 자들을 살리시는 것, 곧 영원한 나라의 복에 참여시키시는 것이라고 하셨습니다. 이것은 곧 아버지 하나님의 구속의 일입니다. 그 일을 위해 오셨고 그 일을 위해 목숨을 버리신다고 말씀하셨습니다.

성자 예수께서는 성육신 하시고 이 땅에 오셔서 수난 당하시고 십자가를 지심으로 우리에게 보여 주신 것이 무엇입니까? 바로 성부 하나님의 뜻을 이루기 위해, 그래서 낮아 지셔서, 성부 하나님과 온전히 그 뜻이 일치하신 것입니다. 성부 하나님과 그 뜻이 온전히 하나가 되신 것을 보여 주셨습니다. 이것은 바로 우리도 하나되기 위해서는 겸손해야 할 것을 보여 주셨고, 가르쳐 주신 것입니다.

둘째, 순종입니다. 사도 바울은 이어서 말씀합니다: "죽기까지 복종하셨으니 곧 십자가에 죽으심이라"(빌2:8). 성삼위 하나님께서 일체가 되시는 감동적인 광경을 우리에게 계시하셨습니다. 보여 주셨습니다. 우리로 하여금 보고 배워 우리로 하나되게 하시려는 뜻입니다.

우리도 배워서 하나가 되어야 합니다. 육을 입고 이 땅에 오신 성자 예수는 아버지 하나님의 뜻을 이루기 위해 인류 대속의 피를 흘려야 합니다. 인류 역사상 가장 참혹하고 부끄러운 저주의 십자가 형벌입니다.

5. 삼위일체 교리가 깨어질 위기

성자 예수께서는 십자가 형을 당하시기 바로 전날 저녁 제자들과 마지막 만찬을 나누시고 겟세마네 동산으로 향하십니다. 제자들로 하여금 멀찍이 떨어져 기도하게 하시고 십자가를 앞에 놓고 성부 하나님께 기도 올립니다: "조금 나아가사 얼굴을 땅에 대시고 엎드려 기도하여 가라사대 내아버지여 만일 할 만하시거든 이 잔을 내게서 지나가게 하옵소서"(마26:39).

'이 잔을 내게서 지나가게 하옵소서.' 이 잔은 십자가의 고난을 말씀합니다. 이 잔을 마시는 것, 십자가를 지는 것은 성부 하나님의 뜻임을 성자 예수께서는 이미 알고 계셨습니다. "나는 선한 목자라 내가 내 양을 알고 양도 나를 아는 것이 아버지께서 나를 아시고 내가 아버지를 아는 것 같으니 나는 양을 위하여 목숨을 버리노라"(요10:14-15). 어린양의 피로 속죄를 이루듯 성자 예수께서 십자가 위에서 인류의 모든 죄를 대신하는 대속의 피를 흘려야 죄인들이 구속함을 입어 하나님 나라의 백성들, 하나님 아버지의 친 자녀들이 생산될 수 있음을 알고 계셨습니다.

육을 입고 오신 성자 예수께서는 '**이 잔을 내게서 지나가게 하옵소서**' 이 기도를 세 번씩이나 반복하여 간구합니다. 세 번 반복하신 것은 간절함을 나타냅니다. 처절함을 나타냅니다. 공포와 두려움을 나타냅니다. 삼위일체 교리가 깨어질 위기의 순간입니다. 이 위기는 한 개인의 위기가 아닙니다. 한 공동체의 위기도 아닙니다. 우주적인 위기이고 하나님의 인류 구속의 일이 끝장날 위기의 순간입니다. 수 천년 이어온 수 많은 선지자들로 말미암아 전해진 복음이, 하나님의 약속과 신실하심이 물거품이 될 위기의 순간입니다. 하나님의 맹세가 허사가 될 위기의 순간입니다. 성부 하나님은 믿을 수 없는 불성실한 하나님이 되어 버릴 위기의 순간입니다. 성부 하나님과 성자 예수 그리스도의 본질이 하나가 아니라 둘이 될 위기의 순간이었습니다.

믿을 수 없는 하나님의 수난

사실 성자 예수의 당하신 수난과 고난은 초기 헬레니즘의 영향을 받은 일부 고대 기독교인들 사이에서는 납득하기 어려운 내용이었습니다. 헬레니즘의 기조에는 육과 영을 분리하여 육은 악한 것이고 영은 선한 것으로 구분하는 이원론이 있었습니다. 인간을 이해할 때에도 인간의 육은 인간의 영을 가두는 감옥으로 보았습니다. 그래서 몸을 학대하면 할수록 영은 더욱 자유를 얻고 정결해지고 고귀해진다고 생각하였습니다. 그래서 철학자들 중에는 일부러 육신을 학대하고 거지 생활을 하기도 하고 사막에 나가 고행을 하기도

하였습니다. 그러한 사상에 영향을 받은 사람들이 볼 때에 하나님께서 인간의 몸을 쓰시고 이 땅에 오셨다는 기독교의 성육신 신학은 이해하기 힘든 내용이었습니다.

더구나 하나님께서 성육신하셨을 뿐만 아니라 십자가의 고난을 겪으셨다는 것은 더욱 이해하기 어려웠습니다. 거룩하고 영원하신 하나님께서 어떻게 더럽고 추한 인간만이 당하는 고통을 당하실 수 있느냐? 그들은 이해하기 어려웠습니다. 그래서 성자 예수께서는 인간의 육을 입고 오신 것이 아니라 인간의 육을 입고 오신 것처럼 보였을 뿐이라고 하였습니다. 그것을 가현설주의(假現說主義, Docetism)라 말합니다.

그런 주장에 대하여 사도들은 성자 예수의 성육신을 아주 분명히 확증해 주었습니다. 마태와 누가는 각기 복음서를 통해 성자 예수가 인간의 몸을 쓰시고 어린 아기로 탄생하였음을 증거하였고(마1장, 눅1-2장), 사도 요한도 그의 복음서와 서신들을 통해 성자 예수의 성육신을 확증해 주었습니다. "말씀이 육신이 되어 우리 가운데 거하시매 우리가 그 영광을 보니 아버지의 독생자의 영광이요 은혜와 진리가 충만하더라"(요1:14). 더구나 사도 도마는 성자 예수의 옆구리에 손을 직접 넣어 보았습니다: "도마에게 이르시되 네 손가락을 이리 내밀어 내 손을 보고 네 손을 내밀어 내 옆구리에 넣어 보라 그리하고 믿음 없는 자가 되지 말고 믿는 자가 되라"(요20:27). 그리고 고백합니다: "도마가 대답하여 가로되 나의 주시며 나의 하나님이시니이다"(요20:28). 도마는 성자 예수를 '**하나님**'이라 고백한 최초의 사람이 되었습니다. 사도 요한은 그의 서신에서 성자 예수, 곧 '**생명의 말씀**'은 "우리가 들은 바요 눈으로 본 바요 주목하고 우리 손으로 만진 바라"(요일1:1)고 증언하여 그 자신은 목격자(eyewitness)일 뿐만 아니라 '**주목하고 우리 손으로 만진 바**'라고 하여 더 이상 확실한 증거가 필요 없음을 시사하였습니다. 직접 보았고 주목해서 만져 봤다고 하는 증거 이상의 확실한 증거가 또 어디에 있겠습니까? 그는 심지어 성자 예수께서 '**육체로 임하심을 부인하는 자**'가 곧 '**적그리스도**'라고 단정짓기도 하였습니다(요2서1:7).

거짓말 못하시는 진실하신 하나님

성자 예수의 수욕과 고난은 그렇게 당하신 것처럼 가장한 것이 아닙니다. 수욕과 고난을 당하신 시늉을 하신 것이 아닙니다. 수욕과 고난을 당하신 척 하신 것이 아닙니다. 성부 하나님께서는 당신이 맹세로 약속하신 말씀을 이루기 위해, 하나님의 '**거짓말 못하심**'(히6:18)과 '**그 뜻을 바꾸지 못하심**'(히6:17)을 증거하기 위해 약속하신대로 당신의 독생 성자 예수까지 아낌 없이 이 땅에 보내셨습니다. 놀러 보내신 것이 아닙니다. 경험 삼아 보내신 것이 아닙니다. 유람하라고 보내신 것이 아닙니다. 행세하라고 보내신 것도 아닙니다. 십자가를 지고 수욕과 고난을 당하며 피를 흘리라고 보내신 것입니다.

세상의 어느 아비가 이 상황에서 약속을 지키려 하겠습니까? 그 뜻을 바꾸려 하지 않겠습니까? 성부 하나님께서도 약속을 파기할만 하신데도, 약속을 바꾸실만 하신대도, 거짓말 못하시고, 그 뜻을 바꾸지 못하십니다. 이미 약속한 말씀대로, 그 신실하신 성품대로 '**때가 되매**' 성부 하나님께서 독생 성자를 이 땅에 보내신 것입니다.

성자 예수께서는 고난을 앞에 놓고 고민하시고 슬퍼하셨습니다(마26:37). 고민하여 죽게 되셨습니다(마26:38). 육을 가지셨기에, 고통과 슬픔과 아픔을 아셨기에 성자 예수의 고민과 슬픔은 이루 말할 수가 없었습니다.

삼위일체의 교리는 겟세마네 동산에서 위기를 맞았습니다. 하나님의 위대한 구속의 역사는 커다란 위기를 맞았습니다. 저주 가운데 있는 인류를 영원한 멸망에서 건지기 위해 독생하신 성자 예수를 이 땅에 보내셨던 아버지 하나님의 뜻이 완전히 무효가 되기 직전이었습니다. 성부 하나님의 무한한 사랑과 은총이 물거품 되기 직전이었습니다. 이 모든 것이 성자 예수께 달렸습니다.

성자 예수의 상상할 수 없는 결단

성자 예수께서는, 그 위험한 순간, 위대한 결단을 내리십니다. 이렇게 기

도합니다: "그러나 나의 원대로 마옵시고 아버지의 원대로 하옵소서"(마26:39). 또 두 번째 나아가 기도하셨습니다: "내 아버지여 만일 내가 마시지 않고는 이 잔이 내게서 지나갈 수 없거든 아버지의 원대로 되기를 원하나이다"(마26:42). 세 번째 동일한 말씀으로 기도하셨습니다(마26:44). 마가복음 기자는 이렇게 전합니다: "아바 아버지여 아버지께서는 모든 것이 가능하오니 이 잔을 내게서 옮기시옵소서"(막14:36a). 아버지 하나님께서는 모든 것이 가능하다고 말씀합니다. 모든 것이 가능하지만, 우리 주님은 결단을 내리십니다: "그러나 나의 원대로 마옵시고 아버지의 원대로 하옵소서"(막14:36b).

성자 예수의 이 결단은 순종의 결단입니다. 복종의 결단입니다. 바울의 표현대로, "죽기까지 복종하셨으니 곧 십자가에 죽으심"(빌2:8)입니다. 십자가의 죽으심은 순종의 결단이면서 죽기까지 복종하는 결단입니다. 이 결단을 통해 성자 예수의 모든 본질은 완전히 성부 하나님과 일치하였습니다. 유사본질이 아니라 동일본질이 맞습니다. 아는 것도 하나, 사랑도 하나, 뜻도 하나, 생각과 마음도 하나, 오신 목적도 하나, 모든 것이 온전히 하나가 되셔서 삼위일체를 이루셨습니다.

"그러나 나의 원대로 마옵시고 아버지의 원대로 하옵소서"(막14:36b): 이 말씀으로 성자 예수는 성부 하나님과 온전히 하나되심을 선포하신 것입니다. 그 뜻이 하나가 되셨습니다. 그 마음과 생각과 일하시는 모든 목적이 하나가 되셨습니다. 교부들의 표현을 빌리자면, 그 본질이 하나가 되셨습니다. 그래서 알렉산더 대주교와 아타나시우스 대주교의 주장, 성부 하나님과 성자 예수의 본질이 같다고 주장한 동일본질(homousius) 교리, 즉 삼위일체 교리를 교회는 니케아 공의회(325)와 콘스탄티노플 공의회(381)를 통해 공교회의 고백으로 채택하였습니다. 그래서, 성부 하나님과 성자 예수와 본질이 같은 것이 아니라 비슷하다고 주장한 아리우스의 유사본질(Homoiusius)은 이단으로 정죄 되었습니다. 성부 하나님과 성자 예수님은 본질이 비슷하거나 나누인 것이 아닙니다. 본질이 비슷하신 것이 아닙니다. 본질이 같으시고 본질이 둘이 아니라 하나이십니다. 전통 교회는 지금까지 이것을 고백해 왔고 앞으로도 고백할 것입니다. 성 삼위 하나님의 일체되심, 삼위일체 하나님을 믿고 고백합니다.

한국 교회를 병들게 하는 유교 문화

한국의 개신교회는 다양한 이유로 비판을 받고 있습니다. 형식주의와 중심주의, 교리 교육의 부재, 그 밖에, 사회적 문제점으로, 교회 내 소통 부족, 재정 투명성 부재, 헌금 강요, 지역사회 봉사활동 부족, 다툼과 분쟁 등의 문제가 지적되고 있습니다. 뿐만 아니라 한국 교회의 분열도 지적되고 있습니다. 2018년 현재 한국 개신교의 교단 수는 374개로 집계 되었습니다.[29]

"한국 교회는 다양한 문제들에 대한 인식과 비판 및 반성을 함에도 불구하고 새롭게 달라지지 않는다. 그 이유는 여러 가지가 있겠지만 교회의 권위주의적 문화와 가치관에 있다고 할 수 있다."[30]

오규훈 교수는 한국 교회가 사람들에게 매력과 신뢰를 잃어가고 있는 근본 원인 중의 하나는 교회 지도자들의 권위주의적 문화와 가치관이라고 지적하면서 한국 교회가 변화되기 위해 꼭 해결해야 할 문제라고 강조하였습니다.[31]

한국 사람은 어떤 종교를 가지고 있든지, 그것과 상관없이, 실질적으로 그들의 삶과 사상에 있어서 유교적 가치관을 따라 생활하고 있습니다. 따라서 한국교회의 리더십은 유교에 뿌리를 둔 사회문화의 영향을 받을 수밖에 없었습니다. 유교적 권위주의의 특징은 권위에 대한 강한 복종을 요구하고, 중앙집권적인 계층적 성향이 강하며, 사람들로 하여금 성별과 연령, 지위에 따른 불평등과 차별을 받아들이도록 합니다. 유교문화는 한국문화에 긍정적이든 부

---

29 문화체육관광부가 한국학중앙연구원에 연구를 의뢰해 '2018년 한국의 종교 현황'에 발표, cf. 인터넷 크리스챤투데이, 2019.01.14.
30 오규훈, 한국 교회의 권위주의 문화에 관한 목회 상담적 고찰, 인터넷, 데오스앤로고스, 2015년 1월 6일 기사,
31 *Ibid.*

정적이든 큰 영향을 주었고, 유교적 권위주의도 한국교회의 리더십에 크게 영향을 끼쳤다고 아니 할 수가 없습니다.[32]

삼강오륜과 삼위일체

유교 문화의 긍정적인 면도 많지만, 부정적인 면도 없지 않습니다. 특히 한국 교회를 병들게 한 유교 문화의 기본이 되는 도덕지침이 삼강(三綱)[33] 과 오륜(五倫)[34] 입니다. 삼강과 오륜의 기본 정신은 임금과 신하의 의로운 질서를, 남자와 여자의 구별됨을, 남편과 부인의 역할 분담을, 노인과 젊은이의 질서를 말하며, 각기 서로 의롭고 친밀하며, 분별과 질서를 지키고, 믿음과 신뢰를 증진시키고자 하는 선한 뜻을 가지고 있습니다. 그러나, 현실적으로 남는 것은 항상 구별과 차별입니다. 명목은 좋으나 결국은 분열입니다.

그래서, 한국 사회는 유교 문화에 깊이 물들어 분열을 일삼고 서로 시기하며 경쟁하며 멸시하고 다투는 지경에까지 이르렀습니다. 한국 교회는 이러한 한국 사회를 기독교 정신으로 개조했다기 보다 오히려 한국 교회가 유교 문화에 물들어 유교 문화에 깊이 영향을 받아 비판받는 지경까지 오게 되었습니다.

성자 예수께서 말씀하십니다: "스스로 분쟁하는 나라마다 황폐하여질 것이요 스스로 분쟁하는 동네나 집마다 서지 못하리라"(마12:25).

기독교의 삼위일체 교리는 다시 조명을 받아야 합니다. 하나되는 비결을 배워야 하고 통합을 배워야 하며, 그러기 위해 성자 예수께서 보여 주신 겸손과 희생과 순종의 길을 걸어야 할 것입니다. 이것이 교회가 사는 길이고 한국

---

32 계제광, 유교문화가 한국교회 리더십 형성에 미친 영향 - 유교의 권위주의 영향을 중심으로 -, 한국실천신학회, 1997.

33 삼강은 군위신강(君爲臣綱), 부위자강(父爲子綱),부위부강(夫爲婦綱)을 말하며, 여기에서 강(綱, '벼리)은 규제하여 총괄하는 사람이라는 의미로, 각각 임금은 신하의, 아버지는 자식의, 지아비는 지어미의 본보기가 되어야 한다는 것을 의미합니다.

34 오륜은 부자유친(父子有親), 군신유의(君臣有義), 부부유별(夫婦有別), 장유유서(長幼有序), 붕우유신(朋友有信)을 말합니다.

사회를 변혁시키는 길입니다.

6. 교회의 영원한 고백: 삼위일체 하나님

교회는 삼위일체 하나님을 고백할 뿐만 아니라 삼위일체 하나님의 뜻을 받들어 하나되도록 힘써야 할 것입니다. 우리 주님의 간절한 소원이 바로 우리가 하나되는 것입니다: "거룩하신 아버지여 내게 주신 아버지의 이름으로 저희를 보전하사 우리와 같이 저희도 하나가 되게 하옵소서"(요17:11); "아버지께서 내 안에, 내가 아버지 안에 있는 것같이 저희도 다 하나가 되어 우리 안에 있게 하사..."(요17:21); "내게 주신 영광을 내가 저희에게 주었사오니 이는 우리가 하나가 된 것같이 저희도 하나가 되게 하려 함이니이다"(요17:22).

하나가 되는 길을 삼위일체 하나님께서 우리에게 계시하여 주셨습니다. 보여주셨습니다. 그대로 따라하면 저희 가정도, 교회도, 사회도 온전히 하나가 됩니다. 성자 예수의 겸손과 순종과 희생은 성부 하나님의 뜻에 완전 일치하셨고 본질이 같으심을 우리에게 보여주셨습니다.

에덴에서 인류를 타락시킨 뱀, 곧 마귀는 지금도 거짓과 욕심과 교만, 그리고 불순종으로 우리 인류를 분열시키고 있으며 가정의 분열, 교회의 분열, 사회의 분열, 이 모든 분열로 인류를 고통과 저주스러운 불행 속으로 몰아넣고 있습니다.

그러나, 참으로 다행스럽고 감사하게도 성부 하나님께서 우리 인류를 구속하시기 위한 원대한 '새 일'과 '경륜'을 계획하시고 이 놀라운 복을 인류에게 주시겠다고 맹세로 약속해 주셨습니다. 성자 예수께서는 그 뜻을 온전히 이루시기 위해 낮고 천한 이 땅에 오셔서 겸손과 희생과 순종으로 십자가 위에서 대속의 피를 흘려 주셨습니다. 성령 하나님께서는 이 모든 사랑과 은혜를 저희에게 알게 하시고 증거해 주셔서 삼위일체 하나님을 믿게 하셨습니다.

아버지 하나님의 언약의 말씀을 근거로, 성자 예수 그리스도의 대속의 피를 믿으며, 성령 하나님의 감동과 도우심을 받아 저희 가정과 교회와 사회도 온전히 하나를 이루어 말할 수 없는 영광과 기쁨을 얻게 되길 소망하며, 다음 장에서 그 행복의 길을 더듬어 보겠습니다.

제2장
행복의 길

행복이란

행복(幸福, Happiness)이란, 사전적으로 말하자면, "희망을 그리는 상태에서의 좋은 감정으로 심리적인 상태 및 이성적 경지 또는 자신이 원하는 욕구와 욕망이 충족되어 만족하거나 즐거움과 여유로움을 느끼는 상태, 불안감을 느끼지 않고 안심해하는 것"(Wikipedia)을 의미합니다.

성공하면 행복할 것 같습니다. 그러나, 데일 카네기(Dale Carnegie, 1888-1955)는 이렇게 말합니다: "성공은 당신이 원하는 걸 얻는 것이고, 행복은 당신이 얻은 것을 원하는 것이다." 성공과 행복은 별개라는 말입니다.

돈이 많으면 행복할 것 같습니다. 데이빗 로스(David Lee Roth, 1954-)는 이렇게 말합니다: "돈으로 행복을 살 순 없다. 하지만 행복 바로 옆에 정박할 만큼 큰 요트를 살 수는 있다." 맞습니다. 돈으로 행복 비슷한 것은 살 수 있을지 몰라도 참된 행복은 살 수 없습니다.

결혼하면 행복할 것 같습니다. 철학자 소크라테스(Socrates, BC 470-BC 399)는 이렇게 말합니다: "어떤 수를 다해서도 결혼해라. 좋은 아내를 만나면 행복할 것이고, 나쁜 아내를 만나면 철학자가 될 것이다." 그의 아내는 악처로 소문 나 있었습니다.

대한민국 헌법에는 행복을 추구할 권리를 적시해 놓았습니다. 그렇다고 대한민국 국민이 모두 행복한 것은 아닙니다. 미국 헌법의 기초자 벤자민 프랭클린은 이렇게 말합니다: "**헌법은 행복을 추구할 권리를 국민에게 부여한다. 그러나 행복을 낚아채는 건 당신 몫이다**"(Benjamin Franklin, 1706-1790).

인간의 욕구가 충족이 되면 행복해질 것 같습니다. 원하는 것을 얻고 이루고 싶은 것을 이루어 만족하게 되면 행복할 것이라 생각합니다. 그러나, 톨스토이(Leo Tolstoy, 1828-1910)는 인간의 욕구 충족에서 오는 행복은 그리 오래 가지 못하고 그런 행복은 참 행복이 될 수가 없다고 설파합니다. '안나 카레니나'라는 소설을 통해 그는, "이 세상에서 인간이 얻는 최고의 행복은 사람들과의 융합과 일치이며, 행복이란, 타인과의 공감과 교통"이라는 점을 강조하였습니다.[35]

버나드 멜처(Bernard Meltzer, 1970-)는 "**행복은 키스와 같다. 행복을 즐기기 위해선 나눌 대상이 있어야 한다**"고 말했습니다. 그의 말은 행복을 위해서는 서로 마음을 나누고 소통하고 교감할 수 있는 대상, 즉 이웃이 있어야 한다는 점을 지적해 줍니다. '**참 행복은 이웃과의 융합과 일치이며 타인과의 공감과 교통**'이라고 말할 때, 참 행복의 조건에서 이웃이 중요하고 융합과 일치, 공감과 교통이 중요한 것을 보게 됩니다.

삼위일체 교리는 우리 인류에게 융합과 일치의 비결, 공감과 교통의 비결을 보여주며 참 행복의 길로 이끌어 주는 교리임을 알게 됩니다.

성 삼위 하나님의 일체 되심을 증명하기 위해 고심했던 교부들과 현대의 신학자들은 〈코이노니아(Koinonia, 교제)〉를 통해 성 삼위 하나님께서 온전히 하나가 되시는 신비를 발견하였고, 그로 말미암아 성 삼위 하나님의 하나되심을 증명하였습니다.[36] 이 장에서는 삼위일체 교리 속에 담긴 '**참 행복의 길**'을

---

[35] 석영중, 유튜브: *[어떻게 살 것인가?] 8강: 톨스토이, 성장을 말하다*.

[36] "On the whole, Nicene theology stressed at the same time the uniqueness of each of the three persons (hypostases) in the one God : revealed throughout the history of salvation, and their unity in communion (koinonia) in the one divine being." (*Faith and Order Paper No.* 153, WCC Publications, Geneva, 1991).

찾아 볼 것입니다.

코이노니아(Koinonia, 교제)의 뜻

일상적 헬라어에서 코이노니아는 '**사귐과 교제**'란 뜻과 함께 '**동참, 공유, 동업, 연대**'의 뜻도 있습니다. 성서 헬라어에서 코이노니아란 말은 히브리어 〈하바르-חבר〉를 번역한 말인데, 하바르는 '**하나가 되게 하다, 하나로 묶다, 사귀다**'란 말입니다. 성서의 코이노니아는 사귐과 교제를 통해 온전히 하나가 되는 것을 말합니다.

성서의 코이노니아는 일반적인 사귐을 뛰어넘어, 서로가 하나되는 깊은 만남을 의미하며, 결코 나눌 수 없는 그러한 깊은 교제를 뜻합니다. 이 세상의 그 어떠한 것으로도 끊을 수 없는 사귐, 즉, 세속적인 사귐과 다른 성령께서 역사하시는 사귐을 말합니다.

성서 헬라어 대사전에 따르면,[37] 코이노니아는,

첫째, '**나누어 갖는다**'(share, have a share)란 뜻과 함께 '**나누어 준다**' (give, contribute a share)의 뜻도 있습니다: "....만일 이방인들이 그들의 신령한 것을 나눠 가졌으면 육신의 것으로 그들을 섬기는 것이 마땅하니라"(롬15:27) 말씀합니다. 신령한 것을 '**나누어**(갖는 것)'이 코이노니아입니다.

둘째, '**함께 속한다**'(partake, be partakers)는 뜻도 있습니다: "자녀들은 혈육에 함께 속하였으매 그도 또한 한 모양으로 혈육에 함께 속하셨다"(히3:14)고 하셨습니다. '**함께 속하는 것**'을 표현한 헬라어가 바로 〈코이노니아〉입니다.

셋째, '**참여자, 혹은 관계자가 된다**'(be partakers)는 뜻이 있습니다: "오직 너희가 그리스도의 고난에 참여하는 것으로 즐거워하라. 이는 그의 영광을 나타내실 때에 너희로 즐거워하고 기뻐하게 하려 함이라"(히4:13) 말씀하셨습니다. 그리스도의 고난에 '**참여하는 것**'이란 말이 헬라어로 코이노니아입니다.

---

[37] "κοινωνία", William F. Arndt & F. Wilbur Gingrich, *A Greek-English Lexicon*, The University of Chicago Press, 1979.

대체적으로 교부들 당시 코이노니아란 말은 첫째, 좋은 것을 나누는 것을 말합니다. 둘째, 서로 함께 하는 것을 말합니다. 셋째, 좋은 일에 피차 관여하고 관계 맺는 것을 말합니다. 그래서 코이노니아는 하나의 공동체를 형성합니다. 코이노니아로 말미암아 성 삼위 하나님께서 어떻게 하나가 되시는지 그 감동적인 내용을 살펴볼 것입니다.

1. '나눔'의 코이노니아

성부 하나님은 성자 예수께 가장 좋은 것을 주십니다. 성자 예수께서도 성부 하나님께 가장 좋은 것을 드립니다. 성부 하나님과 성자 예수께서 어떤 것을 주시며 코이노니아를 이루시고 온전히 하나가 되셨는지 살펴볼 것입니다.

나눔은 사랑에서

'나눔'을 말하려면 '사랑'을 말해야 합니다. 나눔은 사랑을 전제로 하기 때문입니다. 에리히 프롬(Erich S. Fromm, 1900-1980)의 **'사랑은 주는 것이다'** 라는 말은 사랑의 본질을 잘 나타내 줍니다. 프롬은 사람이 성숙하면서 그의 **'사랑하는 기술'** 도 성숙되어 간다고 말합니다. 한 아이가 부모에게 선물을 주면서 처음으로 사랑을 실천하게 되고 점점 자라면서 그의 사랑의 기술도 성숙되어 간다고 말합니다.[38] 프롬은 형제의 사랑, 어머니의 사랑, 에로스의 사랑, 자기 자신의 사랑 등을 분석하고 짧게 요약합니다: "미숙한 사랑은 말한다: '나는 당신이 필요하기에 당신을 사랑한다.' 성숙한 사랑은 말한다: '나는 당신을 사랑하기에 당신이 필요하다'"(Immature love says: 'I love you because I need you.' Mature love says: 'I need you because I love you').

---

38 Erich Fromm, *The Art of Loving*, Dublin: Thorsons, 1995, p. 31.

성숙한 사랑과 완전한 사랑의 차이

사랑은 주는 것입니다. 사랑하는 만큼 더 좋은 것을 주고 싶고 더 못 줘서 안달합니다. 프롬이 다루지 못한 사랑이 있습니다. 프롬은 성숙한 사랑을 말했지만, 완전한 사랑을 언급하지 못했습니다. 바로 기독교의 성 삼위 하나님의 사랑입니다. 우리는 인간의 성숙한 사랑을 넘어 성 삼위 하나님의 완전한 사랑을 보며 감격합니다. 성숙한 사랑과 완전한 사랑의 차이는 촛불과 태양의 차이만큼이나 차이가 납니다.

성숙한 사랑은 아무리 사랑해도 하나가 아니라 둘입니다. 사랑하는 사람이 있고 사랑받는 사람이 있기 때문입니다. 서로 분리되어 있습니다. 주는 이가 있고 대상이 있습니다. 그래서 둘입니다. 그러나 하나님의 완전한 사랑은 둘이 아니라 하나를 이루십니다. 사랑하시는 분과 사랑받는 분이 완전히 하나가 되시기 때문입니다. 그 과정을 살펴볼 것입니다. 그래서, 성 삼위 하나님의 하나되심을 보게될 것입니다.

영광을 나누신 삼위일체 하나님

세상에서 가장 좋은 것이 무엇입니까? 영광입니다. 성부 하나님과 성자 예수님은 세상에서 가장 귀한 것을 서로 주셨고 서로 나누셨습니다. 요한복음 17장은 성자 예수께서 십자가를 지시기 전 제자들과 담화를 나누시고 아버지 하나님께 간구하시는 성자 예수의 기도 내용입니다. 1절에 이렇게 간구하십니다:

"예수께서 이 말씀을 하시고 눈을 들어 하늘을 우러러 가라사대 아버지여 때가 이르렀사오니 아들을 영화롭게 하사 아들로 아버지를 영화롭게 하옵소서".

인간 사회에서도 영광을 최고의 가치로 여깁니다. 영광은 '빛나고 아름다운 영예'라고 말합니다. 모든 명예와 인기의 총 집합이 영광입니다. 인간의 모든 삶이란 영광을 얻기 위한 투쟁이라 말할 수 있고 많은 이들이 명예와 인기를 얻으려고 고군분투합니다.

하물며 하나님의 영광인들 어찌 인간의 영광과 비견할 수 있겠습니까? 상상을 초월합니다. 일찍이 부활하신 주님의 부활의 영광을 한 번 뵈었던 사도 바울은 자기의 모든 생애를 그 영광에 걸었습니다. 그는,

"어찌하든지 죽은 자 가운데서 부활에 이르려 하노니…."(빌3:11) 말합니다.

'**어찌하든지**', 어떻게 해서라도 부활의 영광에 참여하겠다는 결심입니다. 그는 주의 영광에 참여하기에 생애를 걸었고 목숨을 걸었던 것입니다.

기독교 역사에서 가장 뛰어난 서적들 중 하나인 '**신학대전**'을 쓴 토마스 아퀴나스(Thomas Aquinas, 1224?-1274)는 그가 쓰던 3부로 구성된 '**신학대전**'을 완성하지 못하고 멈추었습니다. 이것을 기이하게 생각한 그의 비서 레지날드가 토마스에게 그 이유를 묻자 아퀴나스는 "**내가 본 것에 비하면 내가 쓴 것들은 모두 지푸라기에 지나지 않아…**"라고 답했습니다.[39] 그가 본 것은 하나님의 영광이었습니다. 그 영광을 체험한 토마스에게 그의 위대한 저작도 그저 하찮은 '**지푸라기**'에 지나지 않음을 절감했던 것입니다.

성부 하나님과 성자 예수님은 서로를 영화롭게 하십니다. 가장 귀한 영광을 서로에게 드립니다. 성자 예수의 간구입니다.

"아들을 영화롭게 하사 아들로 아버지를 영화롭게 하게 하옵소서"(요17:1).

성자 예수께서 성부 하나님을 영화롭게 하셨습니다:

"아버지께서 내게 하라고 주신 일을 내가 이루어 아버지를 이 세상에서 영화롭게 하였사오니…."(요17:4).

성부 하나님께서도 성자 예수님을 영화롭게 하셨습니다:

"아버지여 창세 전에 내가 아버지와 함께 가졌던 영화로써 지금도 아버지와 함께 나를 영화롭게 하옵소서"(요17:5).

성부 하나님은 아들을 영화롭게 하십니다. 아들은 아버지 하나님을 영

---

[39] 인터넷 위키백과, 우리 모두의 백과사전, '토마스 아퀴나스' 편.

화롭게 하십니다. 가장 귀한 영광을 조금도 아끼지 아니하시고 서로 나누십니다. 아버지의 영광이 아들의 것이고, 아들의 영광이 아버지의 것입니다. 사랑 때문입니다. 온전한 사랑으로 온전히 하나가 되셨습니다.

"사랑은 가슴 떨리는 행복이다."(Love is trembling happiness)라고 카릴 지브란(Khlil Gibran, 1883-1931)은 말했습니다. 성 삼위 하나님의 사랑이야말로 우리로 하여금 가슴 떨리게 하는 행복입니다.

욕심과 교만으로 타락한 권세

세상에서 가장 좋은 것이 또 무엇입니까? 권세입니다. 하나님께서 인간에게 만물을 다스리는 권세를 주셨습니다. 이 다스리는 권세는 하나님의 선한 일을 위해 사용되는 권세였습니다. 그러나 죄 지은 인간 욕심과 교만에 사로잡힌 인간에게 권세는 말할 수 없이 사악한 것이 되었습니다. 권세처럼 매력이 있는 것도 없습니다.

그래서 군인들은 높은 계급에 오르려고 애쓰고 정치인들은 한 나라의 수장(首長) 대통령이 되려고 안간힘을 씁니다. 역사에는 절대 권력을 손에 쥔 임금들이 그 권세를 놓지 않으려고 자기의 부하라 하더라도, 심지어 자기 몸에서 난 자식이나 부인이라 하더라도, 자기의 권세를 탐하는 자가 있을 때에는 가차없이 죽인 예가 너무나 허다합니다. 그 타락한 권세는 하나님의 영광을 위한 권세가 아니라 자신의 욕심과 자신의 야망을 이루는 권세일 뿐입니다.

유대의 분봉왕 헤롯 안디바의 왕비 헤로디아는 자기 딸 살로메가 춤을 추어 헤롯의 마음을 즐겁게 하고 헤롯이 맹세로 선물을 줄 것을 약속하자 딸을 시켜 세례 요한의 머리를 소반에 담아 달라 요구하게 합니다. 피 투성이로 소반에 담겨 온 피 비린내 나는 끔찍스러운 세례 요한의 머리가 어떻게 선물이 될 수 있겠습니까? 그러나, 권세에 눈먼 자에게는 이것이 세상의 어떤 선물보다도 귀한 최고의 선물이 되었던 것입니다(참조: 마14장, 막6장).

권세에 대한 인간의 욕망은 군인들이나 정치인들만의 것은 아닙니다. 누구나 권력을 좋아하고 권세를 흠모합니다. 자신의 영광과 자신의 야망을 이룰 권세 있는 높은 자리를 좋아합니다. 20세기 위대한 심리학자 머레이(Henry Alexander Murray, 1893-1988)와 맥클레란드(David McClelland, 1917-1998)는 인간의 욕구들 중 가장 자주 인용되는 욕구 세 가지를 꼽았는데 성취 욕구, 친교 욕구, 권력 욕구(need for power)라 말했습니다.

권세를 나누신 삼위일체 하나님

성부 하나님께서는 성자 예수에게 말할 수 없이 귀한 권세를 주셨습니다. 이 권세는 욕심과 교만으로 타락한 인간의 권세와 전혀 다른 권세입니다. 이 권세는 **'아들에게 주신 모든 자에게 영생을 주게 하시려고 만민을 다스리는 권세'** 선하고 의로운 권세입니다. 요한복음 17:1절에 이어서 주님께서 계속 기도하셨습니다:

"아버지께서 아들에게 주신 모든 자에게 영생을 주게 하시려고 만민을 다스리는 권세를 아들에게 주셨음이로소이다"(요17:2).

성부 하나님은 성자 예수께 만민을 다스리는 권세를 주셨습니다. 최고의 권세입니다. 그러나, 인간 세계에서 흔히 볼 수 있는 제왕적 통치자들이나 독재자들처럼 자기 자신의 욕심을 채우기 위한 통치가 아니라, **'아들에게 주신 모든 자에게 영생을 주시려고 주신 권세'**입니다. 권세를 주신 목적이 인간 역사에서 보는 독재자들과 차원이 다릅니다. 성부 하나님께서 성자 예수께 주신 이 권세는 무슨 권세인가요? 성자 예수께서 당신의 입으로 하신 말씀입니다:

"아버지께서 나를 사랑하시는 것은 내가 다시 목숨을 얻기 위하여 목숨을 버림이라. 이를 내게서 빼앗는 자가 있는 것이 아니라 내가 스스로 버리노라 나는 버릴 권세도 있고 다시 얻을 권세도 있으니 이 계명은 내 아버지에게서 받았노라 하시니라"(요10:17f.).

주님께서 성부 하나님께로부터 받은 권세는 '**목숨을 버릴 권세**'였습니다. 성부 하나님께서 이 목숨을 버릴 권세를 주신 것은 '**사랑**' 때문이라고 말씀합니다. 여기에서 우리 인간의 모든 논리가 산산히 부서집니다. 첫째, 사랑이라는 개념 때문입니다. 둘째, 권세라는 개념 때문입니다. 이 두 개념들이 인간 사회의 통념과 너무 거리가 멉니다. 이해하기 어려워 신비에 속한 것이라 말할 수 밖에 없습니다.

첫째 질문: 우리 중에 어떤 아비가 아들을 사랑해서 '**죽을 권세**'를 주겠습니까?

둘째 질문: '**죽는 것**'이 어떻게 '**권세**'가 될 수 있겠습니까? 죽는 것은 패하는 것이고, 지는 것인데 이것을 어떻게 권세라고 말할 수 있겠습니까? 인간 사회의 통념으로는 설명이 불가합니다. 아들을 죽음 가운데 내 몰면서 '**사랑**'이라뇨? 힘 없이 죽임 당하면서 이것을 죽는 '**권세**'라뇨?

(이 두 질문에 관한 해답은 차후에 다시 언급됩니다)

여기에 머물면 우리는 아리우스가 주장한 유사본질에 빠지게 됩니다. 성부 하나님과 성자 예수님의 본질이 같은 것이 아니라 비슷하다는 주장 말입니다. 삼위일체가 아니라 삼위이체, 혹은 삼위삼체가 되는 것이지요. 그러나, 우리는 여기에 머물지 않고 한 걸음 더 나아가 하나님의 자기 계시, 하나님의 놀라운 신비 가운데로 뛰어 들어가 전통 교회가 니케아 공의회를 통해 고백한 동일본질을 고백하게 될 것입니다. 성부 하나님과 성자 예수님의 본질이 같으시다는 주장, 그래서 성부, 성자, 성령은 일체가 되신다는 고백을 하게 될 것입니다.

최고의 복: 영생

이 난해함을 이해하려면 우리는 '**영생**'을 알아야 합니다. 왜냐하면, 아버지께서 아들에게 '**만민을 다스리는 권세**'를 주신 것은 '**모든 자에게 영생을 주게 하시(기)**' 위함이었기 때문입니다(요17:2).

영생은 하나님께 속한 속성입니다. 하나님을 가리켜 **'영생하시는 하나님'**(창21:33), 또는 **'영생하시는 자'**(단4:34, 단12:7)라 불렀습니다. 이런 칭호는 하나님께만 붙일 수 있습니다. 모든 인간은 영생과는 거리가 멉니다. 왜냐하면, 범죄함으로 죽을 수 밖에 없기 때문입니다. 그럼에도 불구하고 하나님께서는 우리 인간에게 영생에 대한 소망을 태초부터 약속해 주셨습니다:

"영생의 소망을 위함이라 이 영생은 거짓이 없으신 하나님이 영원한 때 전부터 약속하신 것인데...."(딛1:2).

여기에 비극이 있습니다. 하나님께서 **'영원한 때 전부터'** 인간에게 영생의 소망을 주셨기에 죽을 수 밖에 없는 인간인데, 그가 감히 영생을 사모하고 추구하기 때문입니다. 중국의 진시황(秦始皇, B.C. 259-B.C. 210)은 불로초(不老草)를 찾았으며, 불가(佛家)에서는 극락왕생(極樂往生)을 말하고, 그 밖에 인류는 수 많은 종교를 만들며 영생을 찾았습니다. 그렇다고 불로장생의 길을 찾은 것도 아니고 영생의 길이나 극락왕생의 길을 찾은 것도 아닙니다. 모두 죽었고 모두 망했습니다.

고대인들은 부활과 영생을 소망하며 죽은 자들의 시체로 지극 정성을 다해 부활을 대비해 미이라를 만들었습니다. 이집트나 페루의 고산 지대에서는 지금도 종종 미이라들이 발굴됩니다. 고대인들의 영생에 대한 소망의 표현의 증거들입니다. 하나님께서 태초에 인류에게 영생의 소망을 주셨기 때문입니다. 고대인들만의 이야기는 아닙니다. 현대의 생명 공학자들도 같은 꿈을 꾸며 연구에 매진하고 있습니다.

그래서, 어떤 사람이 성자 예수께 와서 질문을 던집니다:

"선생님이여 내가 무슨 선한 일을 하여야 영생을 얻으리이까"(마19:16).

어떤 율법사도, 어떤 관원도 같은 질문을 던집니다:

"선생님 내가 무엇을 하여야 영생을 얻으리이까"(눅10:25, 18:18).

인간의 비극은 영생의 소망은 있으되 스스로의 힘으로는 영생의 길을 알지도 못하고 찾지도 못한다고 하는 것입니다. **'무슨 선한 일'**을 하거나 **'무엇**

을' 해서 영생을 얻는 줄 압니다. 무엇을 해도 영생의 길은 없습니다. 그래서, 인간은 절망합니다. 영생의 길은 영생하시는 하나님만이 열어 주실 수 있습니다. 그런데 참으로 감사하게도, 영생의 소망을 약속하셨던 영생하시는 하나님께서 놀라운 복을 명하셨습니다:

"여호와께서 복을 명하셨나니 곧 영생이로다"(시133:3).

그 복이 무엇입니까? 영생입니다. 영생이 무엇입니까? 성자 예수께서 친히 말씀하셨습니다:

"영생은 곧 유일하신 참 하나님과 그의 보내신 자 예수 그리스도를 아는 것이니이다"(요17:3).

복을 명하신 성부 하나님께서는 당신의 약속의 말씀을 이루시기 위해 성자 예수를 이 땅에 보내셨습니다. 영생을 주시기 위한 길을 여신 것입니다. 인간을 저주 속에 빠뜨린 그 죄악을 먼저 씻어야 하기에 성자 예수로 십자가의 피를 흘리게 하셨습니다. 그리고 누구든지 성자 예수를 믿는 자마다 영생을 얻게 하셨습니다:

"이는 저를 믿는 자마다 영생을 얻게 하려 하심이니라"(요3:15).

영생이 복입니다. 이 복을 옛 조상 아브라함에게 약속하시고(창12:1-2), **'옛적에 선지자들로 여러 부분과 여러 모양으로 우리 조상들에게 말씀하셨고'**(히1:1), **'그 종 선지자들에게 전하셨더니'**(계10:7), **'이 모든 날 마지막에'**(히1:2), 마침내 **'때가 차매 하나님이 그 아들을 보내사 여자에게서 나게'**(갈4:4) 하셨습니다. 그가 성자 예수십니다. 그가 탄생하셨습니다. 하나님의 약속의 복이 이 땅에 나타났습니다. 영생이 복입니다. 그를 믿는 자마다 받을 복, 영생입니다.

우리는 이제 처음 질문으로 돌아가 봅시다.

첫째 질문으로

첫째 질문: "아들을 죽음 가운데 내 몰면서 '사랑'이라 말할 수 있을

까?" 이에 대한 해답은 바로 성자 예수님의 말씀 중에서 얻을 수 있습니다. 그는 십자가의 죽음을 앞에 두시고 제자들에게 이렇게 말씀합니다:

"내가 진실로 진실로 너희에게 이르노니 너희는 곡하고 애통하리니 세상이 기뻐하리라 너희는 근심하겠으나 너희 근심이 도리어 기쁨이 되리라"(요16:20). 그리고 이어서 말씀합니다.

"여자가 해산하게 되면 그 때가 이르렀으므로 근심하나 아이를 낳으면 세상에 사람 난 기쁨을 인하여 그 고통을 다시 기억지 아니하느니라. 지금은 너희가 근심하나 내가 다시 너희를 보리니 너희 마음이 기쁠 것이요 너희 기쁨을 빼앗을 자가 없느니라"(요16:21f.).

영생이란 무엇입니까? 이사야의 예언 속에 영생의 속성들이 잘 설명되어 있습니다. 이사야 65장은 성부 하나님께서 섭리하신 구속의 역사가 완성되는 거룩한 나라, 새 하늘과 새 땅, 곧 하나님의 나라의 모습을 보여줍니다. 17절에 이렇게 말씀합니다:

"보라 내가 새 하늘과 새 땅을 창조하나니 이전 것은 기억되거나 마음에 생각나지 아니할 것이라"(사65:17).

'이전 것'은 무엇입니까? 요한계시록 21장은 하늘로부터 내려오는 **'새 하늘과 새 땅'**, 거룩한 하나님의 메시야 천국을 보여줍니다. 4절에 이렇게 말씀합니다:

"모든 눈물을 그 눈에서 씻기시매 다시 사망이 없고 애통하는 것이나 곡하는 것이나 아픈 것이 다시 있지 아니하리니 처음 것들이 다 지나갔음이러라"(계21:4).

'이전 것'이란 요한계시록 21: 4절의 표현을 빌리자면, **'처음 것들'**을 말하며, 이것은 곧, 사망과 애통과 슬픔(곡하는 것)과 아픈 것을 말합니다. 이 **'이전 것'**, 또는 **'처음 것들'**은 아담과 하와의 범죄의 결과로 이 땅에 들어온 저주를 말합니다. 사망이 저주입니다. 애통과 슬픔도 저주입니다. 아픈 것도 저주입니다. 어떤 아픔도 참기 어렵습니다. 아파 본 사람들은 아픈 것이 곧 저주라는 것을 뼈저리게 느낄 것입니다. 삶 자체가 저주스럽습니다. 그래서 불가(佛家)에서도 인생을 네 가지 고통으로 설명합니다. 첫째, 태어나는 것, 둘째, 늙어 가는 것, 셋째, 병이 드는 것, 넷째, 죽는 것이 고통이라 하였습니다. 이 저주는 아담 이후로 지금까지, 그리고 또 성자 예수의 재림 때까지 온 인류를 지배해 왔고, 지배하고 있으며, 또 지배할 것입니다. 그래서, 이 세상은 저주 아래 있습니다.

"또 아는 것은 우리는 하나님께 속하고 온 세상은 악한 자 안에 처한 것이며…."(요일5:19).

악한 자 안에 처한 저주 때문에 모든 피조물들이 탄식합니다:

"피조물이 다 이제까지 함께 탄식하며 함께 고통하는 것을 우리가 아나니…."(롬8:22).

뿐만 아니라, 예수를 믿어 영혼의 구원을 받은 성도들까지도 몸으로는 아직 구속을 받지 못하였기에 탄식합니다:

"이뿐 아니라 또한 우리 곧 성령의 처음 익은 열매를 받은 우리까지도 속으로 탄식하여 양자될 것 곧 우리 몸의 구속을 기다리느니라"(롬8:23).

성자 예수의 오심은 우리 인류를 모든 죄악과 저주에서 건져내시기 위함입니다. 그가 흘린 십자가의 피가 그를 믿는 모든 이들의 죄악을 씻어내시고 저주와 심판에서 건져내십니다. 그리고 새 생명, 곧 영원한 생명을 주십니다:

"이는 저를 믿는 자마다 영생을 얻게 하려 하심이니라"(요3:15).

영생의 속성

영생은 영원한 생명입니다. '**이전 것**'과 '**처음 것들**', 다시 말하면, 사망과 애통과 슬픔(곡하는 것)과 아픈 것, 저주가 그친 완전히 새로운 삶을 말합니다. 영생에는 두 가지 속성이 따라야 합니다. 기쁨과 즐거움입니다. 기쁨과 즐거움이 따르는 영생이라야 참된 영생입니다. 기쁨과 즐거움 대신 슬픔과 괴로움이 따르는 영생이라면, 참 복이 아니라 오히려 저주지요. 이사야 선지자는 이렇게 말합니다:

"너희는 나의 창조하는 것으로 인하여 영원히 기뻐하며 즐거워할지니라 보라 내가 예루살렘으로 즐거움을 창조하며 그 백성으로 기쁨을 삼고, 내가 예루살렘을 즐거워하며 나의 백성을 기뻐하리니 우는 소리와 부르짖는 소리가 그 가운데서 다시는 들리지 아니할 것이며...."(사65:18-19).

이사야 선지자는 다른 곳에서 에덴의 회복을 노래하며 그 나라에 있을 네 가지 속성을 말합니다:

"대저 나 여호와가 시온을 위로하되 그 모든 황폐한 곳을 위로하여 그 광야로 에덴 같고 그 사막으로 여호와의 동산 같게 하였나니 그 가운데 기뻐함과 즐거워함과 감사함과 창화하는 소리가 있으리라"(사51:3).

그 가운데 '**기뻐함**'과 '**즐거워함**'과 '**감사함**'과 '**창화하는 소리**', 네 가지 속성을 말했습니다. 이 네 가지 속성은 사망과 애통과 슬픔(곡하는 것)과 아픔이 넘치는(계21:4) 저주 받은 이 세상과 비교할 때에 얼마나 행복한 나라인지 확연히 드러납니다. 사실, 이 네 가지 속성은 진정으로 완전하고 완벽한 행복의 속성들이라 말할 수 있습니다. 바로 그 행복한 나라, 영원한 나라가 하나님께서 자기 백성들에게 주시기를 기뻐하시는 바로 그 나라입니다:

"적은 무리여 무서워 말라 너희 아버지께서 그 나라를 너희에게 주시기를 기뻐하시느니라"(눅12:32).

이 영생을 자기 백성들에게 주시기 위해 성부 하나님의 은혜의 경륜 속에 성자 예수께서 성육신 하시고 십자가 위에서 고난 당하시고 죽으십니다. 그 나라는 영원한 나라, 행복한 나라, 부활과 영광이 넘치는 복스러운 나라, 기쁨과 즐거움, 감사함과 창화하는 소리가 넘쳐나는, 곧 영생의 나라가 될 것입니다.

"너희는 나의 창조하는 것으로 인하여 영원히 기뻐하며 즐거워할지니라"(사65:18).

우리는 여기에서 첫 질문, **"아들을 죽음 가운데 내 몰면서 '사랑'이라 말할 수 있을까?"** 에 대한 해답을 얻게 됩니다. 다시 말하면, 성부 하나님께서는 사랑하는 주의 자녀들에게 말할 수 없이 귀하고 귀한 영생의 복을 주시려고, 그리고 또한 사랑하는 성자 예수로 말미암아 사망 권세를 깨치시고 다시 살아 부활의 영광과 만주의 주요, 만왕의 왕으로 높이시려고 십자가의 죽으심을 허락하셨던 것을 알 수 있습니다. 그래서, 아들을 죽음 가운데 내 몰면서도 사랑이라 말할 수 있는 것입니다. 바울은 이렇게 증언합니다:

"이러므로 하나님이 그를 지극히 높여 모든 이름 위에 뛰어난 이름을 주사 하늘에 있는 자들과 땅에 있는 자들과 땅 아래 있는 자들로 모든 무릎을 예수의 이름에 꿇게 하시고 모든 입으로 예수 그리스도를 주라 시인하여 하나님 아버지께 영광을 돌리게 하셨느니라"(빌2:9-11).

십자가의 죽으심 뒤에 있을 영광의 부활과 하나님의 자녀들에게 나누어 주실 영원한 기업, 영원한 나라, 새 하늘과 새 땅을 바라 보셨기에 성부 하나님은 성자 예수님을 지극히 사랑하셔서 십자가의 죽으심 가운데 보내셨습니다. 뿐만 아니라, 성자 예수께서는 아버지 하나님의 거룩하신 뜻을 아셨고 그를 지극히 사랑하셨기에 기쁨으로 십자가의 죽으심을 받아들이셨습니다. 성부 하나님과 성자 예수님은 온전한 사랑으로 온전히 하나가 되셨습니다. 죽음을 초월한 사랑이었습니다.

우리는 다시 두 번째 질문으로 돌아 옵니다.

둘째 질문으로

둘째 질문: "힘 없이 죽임 당하면서 이것을 '권세'라고 말할 수 있을까?" 우리는 여기에서 중요한 오해를 풀어야 합니다. 성자 예수의 십자가의 죽으심은 결코 '**힘 없이 죽임 당하신 것**'이 아니라고 하는 것입니다. 성자 예수는 대 제사장들과 장로들의 심문을 받으시고(마26:57 이하), 군중들의 요구(마26:23-24)와 빌라도의 사형 판결(마26:26), 그리고 로마 군병들에 의한 십자가 처형(마26:33-36)으로 수난을 겪으셨지만, 그가 힘이 없어서 죽임 당하신 것은 아닙니다. 성자 예수는 제자 중 하나가 검을 빼어 대제사장의 종을 쳐 그 귀를

떨어뜨리자 그를 향해 이렇게 말씀합니다:

"너는 내가 내 아버지께 구하여 지금 열두 영(군단, NIV) 더 되는 천사를 보내시게 할 수 없는 줄로 아느냐 내가 만일 그렇게 하면 이런 일이 있으리라 한 성경이 어떻게 이루어지리요 하시더라"(마26:53-54).

성자 예수는 힘이 없어 죽임 당하신 것이 아닙니다. 그가 성부 하나님께 구하면 당장이라도 12군단 병력의 천사들을 동원하실 수 있었습니다. 죽으심을 피할 능력이 없으셨던 것이 아닙니다. 그가 이렇게 십자가의 죽으심을 당하신 것은 **'이런 일이 있으리라 한 성경'**의 예언의 말씀을 성취하시기 위함이었습니다. 십자가의 죽으심이 성부 하나님의 뜻임을 아셨기 때문입니다.

일찍이 성부 하나님께서 에덴 동산에서 아담과 하와를 미혹해서 범죄케 하고 타락시켰던 뱀을 향해 이렇게 말씀하셨습니다:

"내가 너로 여자와 원수가 되게 하고 너의 후손도 여자의 후손과 원수가 되게 하리니 여자의 후손은 네 머리를 상하게 할 것이요 너는 그의 발꿈치를 상하게 할 것이니라"(창3:15).

여자의 후손으로 오신 성자 예수십니다. 그는 **'옛 뱀, 곧 마귀라고도 하고 사단이라고도 하는 온 천하를 미혹하는 자'**(계12:9)에 의해 **'그의 발꿈치를 상하게 함'**을 당하게 될 것, 곧 십자가의 죽으심 당하게 될 것을 성부 하나님은 오래 전부터 당신의 종들, 선지자들을 통해 예언해 주셨습니다. 이사야 선지자는 예언을 합니다:

"이는 한 아기가 우리에게 났고 한 아들을 우리에게 주신 바 되었는데 그 어깨에는 정사를 메었고 그 이름은 기묘자라,모사라, 전능하신 하나님이라, 영존하시는 아버지라, 평강의 왕이라 할 것임이라"(사9:6).

"그는 실로 우리의 질고를 지고 우리의 슬픔을 당하였거늘 우리는 생각하기를 그는 징벌을 받아서 하나님에게 맞으며 고난을 당한다 하였노라. 그가 찔림은 우리의 허물을 인함이요 그가 상함은 우리의 죄악을 인함이라 그가 징계를 받음으로 우리가 평화를 누리고 그가 채찍에 맞음으로 우리가 나음을 입었도다"(사53:4-5).

예레미야 선지자도 예언합니다:

"나 여호와가 말하노라 보라 때가 이르리니 내가 다윗에게 한 의로운 가지를 일으킬 것이라 그가 왕이 되어 지혜롭게 행사하며 세상에서 공평과 정의를 행할 것이며 그의 날에 유다는 구원을 얻겠고 이스라엘은 평안히 거할 것이며 그 이름은 여호와 우리의 의라 일컬음을 받으리라"(렘23:5-6).

미가 선지자도 예언합니다:

"베들레헴 에브라다야 너는 유다 족속 중에 작을찌라도 이스라엘을 다스릴 자가 네게서 내게로 나올 것이라 그의 근본은 상고에, 태초에니라"(마5:2).

하나님의 거룩한 구속의 일, 새 일을 악한 자 마귀도 알았습니다. 메시야의 오심을 알았습니다. 어떻게 해서든지 하나님의 구속의 일, 새 일을 방해하려고 살기등등한 모습으로 인류의 역사 가운데 개입했던 것이 구약 성서 중에 잘 나타납니다. 그 살벌하고 무시무시한 영적인 대결의 모습을 우리는 요한계시록 12장에서 보게 됩니다.

요한계시록 12장은 예수 그리스도를 탄생하려고 애쓰는 마리아를 포함한 구약 성도들, 영적 교회의 모습과 예수 그리스도의 탄생을 방해하려는 악한 마귀의 살기등등한 모습이 잘 대비되어 나타납니다. '**장차 철장으로 만국을 다스릴 남자**'(계12:5), 곧 예수 그리스도를 잉태한 한 여인, 그녀는 해를 입고 달을 디디고 열두 별의 면류관을 쓴(계12:1) 거룩한 여인, 곧 마리아를 포함한 구약의 교회를 말합니다. 붉은 용 마귀(계12:9)는 살기등등한 모습으로 여인의 해산을 위협하고 방해합니다. 여인의 상황입니다:

"이 여자가 아이를 배어 해산하게 되매 아파서 애써 부르짖더라"(계12:2).

이에 대한 붉은 용 마귀의 행태입니다:

"용이 해산하려는 여자 앞에서 그가 해산하면 그 아이를 삼키고자 하더니...."(계12:4).

이것은 영적으로 보여준 거룩한 교회와 붉은 용 마귀의 대결의 모습입니다. 그러나 이스라엘 역사의 현실 세계에서 우리는 이 살벌하고 무시무시한 영적인 대결이 구체적으로 어떻게 나타났는지를 생생하게 보게 됩니다. 마귀의 궤계는 아브라함과 다윗의 자손으로 오실 예수 그리스도의 오심을 방해하기 위해 아브라함의 후손들을 멸절시키려고 했던 것을 봅니다. 여러 차례의 유대인 종족 말살(genocide)이 바로 이것입니다.

성부 하나님께서는 독자 이삭을 아끼지 않고 하나님의 명령을 따라 번제로 드리려했던 아브라함에게 그의 후손 중에서 메시야를 보내 주실 것을 약속하셨습니다:

"내가 네게 큰 복을 주고 네 씨로 크게 성하여 하늘의 별과 같고 바닷가의 모래와 같게 하리니 네 씨가 그 대적의 문을 얻으리라. 또 네 씨로 말미암아 천하 만민이 복을 얻으리니 이는 네가 나의 말을 준행하였음이니라 하셨다 하니라"(창22:17-18).

아브라함의 후손 이스라엘 유다 백성들은 여러 차례 종족 말살의 위협을 겪었습니다. 마귀의 충동을 받은 애굽의 바로, 페르샤 제국의 하만은 유대인들을 말살시키려 하였습니다. 만약 그들의 궤계가 성공했더라면 아브라함의 후손 중에서 메시아를 보내 주시마고 약속하신 하나님의 약속의 말씀은 완전히 망가져 버렸을 것입니다. 그러나 하나님의 역사 개입으로 마귀의 모든 궤계는 무너지고 마침내 예수 그리스도께서 이 땅에 탄생하시게 되었습니다.

성부 하나님은 다윗의 후손 중에서 메시야를 보내 주시마고 약속하셨습니다.

"그 날에 이새의 뿌리에서 한 싹이 나서 만민의 기호로 설 것이요 열방이 그에게로 돌아오리니 그 거한 곳이 영화로우리라"(사11:10). **'이새의 뿌리'** 는 곧 다윗의 후손을 말씀합니다.

"나 여호와가 말하노라 보라 때가 이르리니 내가 다윗에게 한 의로운 가지를 일으킬 것이라 그가 왕이 되어 지혜롭게 행사하며 세상에서 공평과 정의를 행할 것이며 그의 날에 유다는 구원을 얻겠고 이스라엘은 평안히 거할 것이며 그 이름은 여호와 우리의 의라 일컬음을 받으리라"(렘23:5-6).

　붉은 용 마귀는 폭 넓은 아브라함의 자손들 중에서도 좀 더 구체적으로 다윗의 혈통을 끊어 하나님의 약속을 훼방하려 하였습니다. 만약 마귀의 궤계가 성공했다면 '**이새의 뿌리에서**' 오시리라 한 성자 예수의 탄생은 물거품 되고 말았을 것이고 성부 하나님의 원대한 구속의 경륜은 파탄났을 것입니다.

　이스라엘 역사에서 가장 극렬하게 우상숭배에 빠졌던 북 왕국 이스라엘의 아합 임금과 왕비 이세벨은 그의 딸 아달랴를 남왕국 여호사밧 임금의 며느리로 시집 보내 하나님의 구속의 일을 방해하였던 예는 그 중에서도 아주 구체적이고 대표적인 예입니다.

　남왕국 유다의 역대 임금들은 모두 다윗의 피를 이어받은 다윗의 후손들입니다. 그러나 우상숭배로 악명 높은 북왕국 이스라엘 아합 임금의 딸 아달랴가 다윗 왕가로 시집오면서 다윗 왕가는 커다란 위기를 맞게 됩니다. 그녀의 아들 아하시야 왕이 죽자 그녀는 '**왕의 씨를 전멸**'하려 합니다(왕하11:1, 대하22:10).

　'**왕의 씨**'는 누구를 말합니까? 다윗의 혈통을 잇는 왕자들을 말합니다. 뿐만 아니라 모두 자신의 친 자녀들, 친 손주들입니다. 이에 대해 다른 견해도 있습니다만, 아무튼 상식과는 거리가 먼 이야기입니다. 아무리 왕 자리가 탐난다 할지라도 어떻게 자신의 친 손주들을 죽일 수 있겠습니까? 있을 수 없는 일이 벌어집니다. '**아하시야의 누이 여호세바가 아하시야의 아들 요아스를 왕자들의 죽임을 당하는 중에서 도적하여 내(지)**'(왕하11:2) 않았더라면 다윗의 씨는, 다윗의 혈통은, 다윗의 등불은 완전히 꺼지고 말았을 것입니다.

　만약 그랬다면 다윗의 혈통에서 메시아를 보내시겠다는 예언의 말씀은 공허한 말씀이 되고 말았을 것입니다. 그뿐만 아니라 하나님의 원대한 은혜의 경륜은 끝나고 말았을 것입니다. 아슬아슬한 위태한 순간에 하나님께서 역사에 개입하셨습니다. 마귀의 충동을 받아 다윗의 혈통을 끊어 하나님의 구속의 일을 망치려 했던 아달랴의 계략은 여호세바를 통해 깨어집니다. 여호세바는 그녀의 조카 요아스를 훔쳐내 다윗의 등불이 꺼지지 않게 하였습니다.

이와 같은 우여곡절 끝에 마침내 아브라함과 다윗의 혈통을 통해 독생 성자 예수 그리스도께서 이 땅에 탄생하시게 되었습니다. 마태는 신약을 여는 그의 복음서 첫 장, 첫 절에서 온 인류를 향하여 그 큰 감격을 이렇게 외칩니다:

"아브라함과 다윗의 자손 예수 그리스도의 세계라"(마1:1).

사도 요한의 그의 계시록에서 이렇게 전합니다:

"여자가 아들을 낳으니 이는 장차 철장으로 만국을 다스릴 남자라 그 아이를 하나님 앞과 그 보좌 앞으로 올려가더라"(계12:5).

우리는 여기에서 두 번째 질문, 즉 **"힘 없이 죽임당하면서 이것을 '권세'라고 말할 수 있을까?"** 이에 결론적으로 답할 수 있게 되었습니다. 두 가지 답변입니다.

첫째, 성부 하나님의 우주적인 은혜의 경륜, 새 하늘과 새 땅, 거룩하고 영원한 나라를 자기 백성들에게 기업으로 주시려는 그 계획을 훼방하고 훼파하려는 악한 대적 마귀의 권세를 이기시고 깨치사 마침내 이 땅에 오시어 십자가의 대속의 길을 걸으신 성자 예수의 탄생과 수난은 놀라운 **'권세'**라 말하지 않을 수 없습니다. 성자 예수의 탄생은 십자가로 향한 첫 걸음입니다. 십자가의 수난을 향한 첫 걸음부터 마귀의 권세를 깨뜨리신 성부 하나님의 승리였고, 인간을 향한 고귀한 사랑의 승리였으며, 마침내 이 땅에 탄생하신 메시아를 영접하는 그 백성들의 승리요 영광이라 말할 수 있겠습니다. 주님의 십자가는 마귀의 온갖 궤계와 권세를 깨뜨리신 놀라운 권세입니다.

둘째, 성자 예수의 십자가의 죽으심을 그 자신이 이렇게 표현합니다:

"아버지께서 나를 사랑하시는 것은 내가 다시 목숨을 얻기 위하여 목숨을 버림이라. 이를 내게서 빼앗는 자가 있는 것이 아니라 내가 스스로 버리노라 나는 버릴 권세도 있고 다시 얻을 권세도 있으니 이 계명은 내 아버지에게서 받았노라 하시니라"(요10:17-18).

성자 예수의 죽으심은 스스로 자취한 것입니다. 그것은 '**내가 다시 목숨을 얻기 위하여 목숨을 버림이라**' 말씀하십니다. 또한 '**나는 버릴 권세도 있고 다시 얻을 권세도 있으니...**' 말씀하십니다. 다시 말하면, 성자 예수의 죽으심은 이미 다시 얻을 권세, 즉 부활의 권세를 포함합니다. 성자 예수는 십자가에서 죽으실 권세도 있지만, 다시 사시어서 부활하실 권세도 있음을 말씀하십니다. 하나님의 대속을 방해하는 악한 자 마귀의 궤계를 파하실 권세와 함께 사망 권세도 파하시고 영광의 부활로 나오실 권세를 말씀하십니다. 결론적으로 말하자면, 우리 주님의 죽으심은 성부 하나님의 영원한 은혜의 경륜을 훼파하려는 악한 자 마귀의 권세를 깨뜨리는 권세였고, 또한 더불어 인류의 저주, 죽음 권세를 깨치시고 영원하고 영광스러운 부활로 다시 사실 권세를 갖고 계심을 우리에게 알게 하신 것이라 말할 수 있겠습니다.

"이것을 너희에게 이름은 너희로 내 안에서 평안을 누리게 하려 함이라 세상에서는 너희가 환난을 당하나 담대하라 내가 세상을 이기었노라 하시니라"(요 16:33).

거룩한 백성들을 나누신 성삼위 하나님

이미 언급했듯이, 코이노니아는 첫째, 좋은 것을 나누는 것을 말합니다. 둘째, 서로 함께 하는 것을 말합니다. 셋째, 좋은 일에 피차 관여하고 관계 맺는 것을 말합니다. 그래서 〈코이노니아〉는 하나의 공동체를 형성합니다.

성부 하나님께서 성자 예수께 '**사람들**'을 주십니다:

"세상 중에서 내게 주신 사람들에게 내가 아버지의 이름을 나타내었나이다 저희는 아버지의 것이었는데 내게 주셨으며 저희는 아버지의 말씀을 지키었나이다"(요17:6).

이 사람들은 하나님의 백성들입니다. 하나님의 거룩하고 영광스러운 나라를 유업으로 얻을 백성들입니다. 이 귀한 백성들을 성부 하나님께서 성자 예수께 주셨습니다. 주님께서는 그들의 죄를 대속하시기 위해 피 흘려 주셨고 그들에게 아버지 하나님의 말씀을 가르쳐 지키게 하셨습니다. 이것이 본문의 내용입니다.

성부 하나님의 백성들을 주신 것은 그의 나라도 주신 것입니다. 그리고 그 나라의 주인 삼으셨습니다.

"이러므로 하나님이 그를 지극히 높여 모든 이름 위에 뛰어난 이름을 주사 하늘에 있는 자들과 땅에 있는 자들과 땅 아래 있는 자들로 모든 무릎을 예수의 이름에 꿇게 하시고 모든 입으로 예수 그리스도를 주라 시인하여 하나님 아버지께 영광을 돌리게 하셨느니라"(빌2:9-11).

가장 귀한 나라를 주셨습니다. 가장 좋은 직임을 주셨습니다. 뿐만 아니라, 요한복음 17:10절에서 우리는 놀라운 장면을 봅니다. 성자 예수께서 성부 하나님께 드리는 기도입니다:

"내 것은 다 아버지의 것이요 아버지의 것은 내 것이온데 내가 저희로 말미암아 영광을 받았나이다"(요17:10).

'**내 것**'(성자 예수의 것)은 다 '**아버지의 것**'(성부 하나님의 것)이라고 말씀하시고 또 '**아버지의 것**'(성부 하나님의 것)은 '**내 것**'(성자 예수의 것)이라는 증언이자 고백이고 선언입니다.

이 선언 이상의 일치가 어디에 있겠습니까? 성부 하나님께서는 당신의 모든 것을 성자 예수께 주셨습니다. 성자 예수께서는 모든 것을 성부 하나님께 드렸습니다. 모든 것이 하나입니다. 성부, 성자, 성령께서 코이노니아로 온전히 하나가 되셨습니다. 삼위께서 일체가 되셨습니다. 우리는 여기에서 성부와 성자의 본질이 같지 않고 비슷하다고 주장했던 아리우스 이단의 그럴듯한 논리를 깨치게 됩니다. 알렉산더와 아타나시우스가 주장했던 동일본질, 즉 성부 하나님과 성자 예수님의 본질이 같으시다는 니케아 공의회에서 채택한 정통교회의 고백을 따르게 됩니다. 성 삼위 하나님께서는 일체가 되십니다.

사랑이란 좋은 것을 주고 싶은 마음을 동반합니다. 최고의 사랑은 최고 좋은 것을 주고 싶은 마음을 갖는 것입니다. 완전한 사랑이란 가장 완전한 가장 영광스러운 나라를 주시는 성 삼위 하나님의 마음입니다. 이것은 완벽한 코이노니아지요. 이 코이노니아를 모범 삼아 이 코이노니아를 실천하려 할 때 말할 수 없는 행복을 맛보게 됩니다. 한 예를 제시합니다.

주는 것이 복이 있다.

미국의 석유왕 록펠러(David Rockefeller, 1839-1937)는 33세에 백만장자가 되었고 43세에 미국의 최대 부자가 되었고 53세에 세계 최대 갑부가 되었지만 행복(幸福) 하지 않았습니다. 그는 55세에 불치병으로 1년 이상 살지 못한다는 의사의 진단을 받았습니다. 그는 휠체어를 타고 병원에 도착하여 로비에서 입원 수속을 기다리며 벽에 걸린 액자의 글을 읽었습니다. **"주는 자가 받는 자보다 복이 있다"**. 이 글을 보는 순간 마음 속에 전율을 느꼈고 한없이 눈물이 흘러내렸습니다. 그는 눈을 지그시 감고 생각에 잠겼습니다.

잠시 후 시끄러운 소리에 정신을 차리게 되었는데 입원비 문제로 다투는 소리였습니다. 병원 측은 병원비가 없으면 입원이 안 된다고 하고 환자의 어머니는 울면서 입원시켜 달라고 애원하고 있었습니다. 록펠러는 곧 비서를 시켜 병원비를 지불 하고 누가 지불 했는지 모르게 했습니다. 얼마 후 은밀히 도운 소녀가 기적적으로 회복이 되자 그 모습을 조용히 지켜보았던 록펠러는 그 순간을 이렇게 표현했습니다: **"나는 살면서 이렇게 행복한 삶이 있는지 몰랐다."** 그때 그는 나눔의 삶을 작정하고 수 많은 구제와 자선사업에 거액을 투자하였습니다. 물론 그는 건강도 되찾았고 98세까지 장수하였습니다. 참 행복은 사랑하고 나누는 것입니다. **"나는 살면서 이렇게 행복한 삶이 있는지 몰랐다."** 록펠러만의 고백이 아닙니다. 코이노니아의 진정한 뜻입니다.

2. '함께 하심'의 코이노니아

우리는 코이노니아의 두 번째 내용으로 들어옵니다. 코이노니아는 좋은 것을 주는 관계일 뿐만 아니라 '**함께 하는**' 것입니다. 성 삼위 하나님께서는 함께 하심에 일치하셨습니다. '**참 행복은 이웃과의 융합과 일치이며 타인과의 공감과 교통**'이라고 말할 때, 삼위일체 교리는 현대인들에게 놀라운 참 행복의 길로 이끌어 줍니다. 함께 하는 것이 얼마나 위대한 일이고 행복한 일인지 살필 것입니다.

아름답고 복된 공동체
성부 하나님께서는 인류의 조상 아담을 창조하시고 그의 '**독처하는 것**'을 좋지 않게 보시고 그를 위하여 '**돕는 배필**'을 지어 주셨습니다(창2:18). 아담과 하와의 아름답고 복된 가정 공동체를 창조하셨습니다. 성부 하나님은 독처하는 것을 기뻐하지 아니하셨습니다. 그래서 가정 공동체를 만들어 주신 것입니다. 그래서, "**인간은 사회적 동물이다.**"라고 설파했던 그리이스의 철학자 아리스토텔레스(Aristoteles, B.C. 384-322)의 말은 틀리지 않았습니다. 애초에 인간은 아름답고 복된 공동체를 추구하도록 지음을 받았기 때문입니다. 지혜자는 이렇게 말합니다:

"두 사람이 함께 누우면 따뜻하거니와 한 사람이면 어찌 따뜻하랴"(전4:11).

타락한 공동체에 스며든 고독
성부 하나님께서 지으신 아름답고 복된 아담과 하와의 공동체는 에덴에 스며든 옛 뱀, 마귀의 유혹에 넘어가 성부 하나님께서 먹지 말라 명하신 선악과를 따 먹고 '**자기와 함께한**' 남편 아담에게도 그 실과를 주어 먹게 하였습니다:

"여자가 그 나무를 본즉 먹음직도 하고 보암직도 하고 지혜롭게 할 만큼

탐스럽기도 한 나무인지라 여자가 그 실과를 따먹고 자기와 함께한 남편에게도 주매 그도 먹은지라"(창3:6).

그 실과를 '**자기와 함께한 남편**'에게도 주어 남편도 타락시켰습니다. 성부 하나님께서 지으신 아름답고 복된 공동체는 범죄 공동체가 돼 버리고 말았습니다. 공동체가 타락해 버리고 말았습니다. 타락한 범죄 공동체는 책임 전가에 바빴습니다. 아담은 범죄한 후 자신의 범죄를 성부 하나님께 그 탓을 돌렸습니다:

"하나님이 주셔서 나와 함께 하게 하신 여자 그가 그 나무 실과를 내게 주므로 내가 먹었나이다"(창3:12).

하와를 지칭하여 '**하나님이 주셔서 나와 함께 하게 하신 여자**'라 말했습니다. 아름답고 복된 가정 공동체를 만들어 주신 성부 하나님께 책임을 전가시켰습니다. 최초의 인간 아담의 타락 이후 '**사회적 존재**'인 인류의 모든 타락한 공동체는 범죄 공동체가 되었고(막15:31), 그 결과는 단절입니다. 말할 수 없이 갈라지고 찢어지고 깨어지는 아픔을 겪게 됩니다. 지금도 우리 인간 사회 곳곳에서 단절의 아픔을 겪고 있습니다. 갈라지고 찢어지고 서로 경쟁하고 싸우는 수많은 가정들과 교회들과 사회 공동체 및 국가들을 보고 있습니다. 죄의 결과, 단절의 결과는 고독과 외로움의 고통뿐입니다.

고독과 외로움

타락한 공동체에 고독이 스며들었습니다. 슬픔과 고통과 외로움과 그리움이 지배합니다. 몇 년 전에 한 아가씨가 죽었습니다. 어려서 고아원에서 자랐습니다. 엄마와 아버지를 평생 찾았습니다. 죽을 때까지 찾았습니다. 죽기 전에 짧은 메모 한 장을 남겼습니다: "**미치도록 엄마가 보고싶다. 딱 한 번 만이라도 좋으니 엄마 얼굴을 보고싶다!**" 마지막 죽으면서 그녀가 끝까지 아쉬워했던 것, 엄마 얼굴 한 번 못 보고 죽는 것이었습니다. 단절의 고통을 겪다가, '**미치도록**' 엄마를 그리워하다가 죽었습니다.

인간은 홀로 살도록, 고독하고 외롭게 살도록 창조되지 않았습니다. 성부 하나님께서는 아담이 독처하는 것, 외로워하는 것을 기뻐하지 않으셨고, 오히려 하와를 지어 가정 공동체를 만들어 행복하게 살도록 마련해 주셨습니다. 그곳에는 '**기뻐함과 즐거워함과 감사함과 찬화하는 소리**'(사51:3)가 넘쳤습니다. 즉, 행복이 넘치는 공동체였습니다. 우리 인류는 이웃들과의 관계 속에서 살도록, 공동체를 이루어 즐겁고 행복하게 살도록 창조되었습니다.

고독이 병이라면, 그리움이나 외로움이 병이라면, 그것은 고칠 수 없는 병, 저주스러운 병입니다. 외로움은 하루에 담배 15개비를 피는 것만큼 치명적이며, 매일 술을 6잔씩 먹는 것보다 더 위험하고 비만보다 건강에 더 나쁘다고 미국 의무총감 비벡 머시(Vivek H. Murthy, 1977-)가 말했습니다.[40] 인간의 범죄로 말미암아 성부 하나님께서 지으신 복스럽고 아름다운 가정 공동체는 깨어지고 망가지고 흩어져 저주스러운 단절과 고독의 고통이, 슬픔과 그리움과 외로움이 인류 속에 들어와 고통을 안겨주게 되었습니다.

항상 함께 하시는 삼위일체 하나님

고독 속에, 그리움과 외로움 속에 사는 우리 인간들에게는 '**함께**'라는 말처럼 생소하고 반가운 말이 없습니다. '**함께**'라는 말은 인간 사회에 너무나 흔한 말입니다. 누구나 말하고 어디서나 들을 수 있는 다정한 말입니다. 때로는 구호로도 외치고 선전 문구로도 사용합니다. 그럼에도 불구하고 우리의 내면 속에서는 '**함께**'라는 말이 생소합니다. 미국의 사회학자 리스먼(David Riesman, 1909~2002)은 '**군중 속의 고독**'을 말합니다.[41] 실존주의 철학자들이 인간의 내면과 인간 실존의 문제를 잘 파헤쳤습니다. 독일의 무신론적 실존주의 철학자 하이데거(M. Heidegger 1889-1976)는 인간을 우주 속에 '**내 던져진 존재**'(Geworfenheit)라고 말했습니다. 고독을 주제로 많은 시를 남겼던 릴케

---

[40] 애덤 웨이츠(Adam Waytz), *일터에서 인간관계 맺기*, 하버드비지니스리뷰, 2018, 1-2월호.
[41] 이용우, *군중 속의 고독*, 한인뉴스속보, 2022. 11월호에서 인용.

(Rainer M. Rilke, 1875-1926)는 **"사람이란 고독한 존재"**라고 말했고, 무신론 실존주의자 사르트르(Jean-Paul Sartre, 1905-1980)는 **"인간이란 자유로우며 고독한 존재"**라고 밝혔습니다.[42]

임마누엘 하나님

고독 속에, 외로움과 그리움 속에 사는 우리 인간들은 성부 하나님께서 친히 찾아오셔서 '**함께 하신다**' 말씀하실때, 그 말씀을 인해서 사람들은 크게 놀랍니다. 큰 힘과 용기를 얻습니다. 고독과 고난을 이기며, 낯선 곳, 황량한 곳, 외로운 곳에서도 믿음 지키며 소망 가운데 살아갈 수 있었습니다. 고향과 부모를 떠나 낯선 곳, 하란으로 출발해서 쓸쓸히 루스 광야에서 한 밤을 지새웠던 야곱에게 성부 하나님께서 나타나셔서 말씀하셨습니다:

"내가 너와 함께 있어 네가 어디로 가든지 너를 지키며 너를 이끌어 이 땅으로 돌아오게 할찌라 내가 네게 허락한 것을 다 이루기까지 너를 떠나지 아니하리라 하신지라"(창28:15).

이 말씀을 듣고 감격한 야곱은 베개 삼았던 돌을 세우고 기름을 부으며 맹세를 합니다:

"야곱이 서원하여 가로되 하나님이 나와 함께 계시사 내가 가는 이 길에서 나를 지키시고 먹을 양식과 입을 옷을 주사 나로 평안히 아비 집으로 돌아가게 하시오면 여호와께서 나의 하나님이 되실 것이요 내가 기둥으로 세운 이 돌이 하나님의 전이 될 것이요 하나님께서 내게 주신 모든 것에서 십분 일을 내가 반드시 하나님께 드리겠나이다 하였더라"(창28:20-22).

기원전 588년 남왕국 유다의 수도 예루살렘은 강대국 바벨론 제국에 의해 포위되었고 기원전 586년에 이르러 더 이상 견디지 못하고 함락되고 맙니다. 수많은 백성들이 학살당하고 바벨론 제국으로 사슬에 묶어 끌려갔습니

---

[42] 권형우, *사람, 고독한 운명을 타고난 존재*, 연세춘추, Nr. 1541, 2006. 5월호.

다. 임금 시드기야도 아들들이 처형당하는 것을 마지막으로 보고 그 두 눈이 뽑혀 사슬에 묶여 온 식구들은 뿔뿔이 흩어져 바벨론으로 끌려갔습니다. 고독과 절망입니다. 소망조차 끊어졌습니다. 그 때 하나님께서 그들에게 말씀하셨습니다:

"두려워 말라 내가 너와 함께 함이니라 놀라지 말라 나는 네 하나님이 됨이니라 내가 너를 굳세게 하리라 참으로 너를 도와 주리라 참으로 나의 의로운 오른손으로 너를 붙들리라"(사41:10).

"네가 물 가운데로 지날 때에 내가 함께 할 것이라 강을 건널 때에 물이 너를 침몰치 못할 것이며 네가 불 가운데로 행할 때에 타지도 아니할 것이요 불꽃이 너를 사르지도 못하리니…"(사43:2).

'함께 하시겠다'는 말씀에 바벨론에 포로로 끌려갔던 유대인 포로들은 믿음 지킬 수 있었습니다. 그 속에서 에스겔과 다니엘과 그의 세 친구들, 그리고 수 많은 성도들이 믿음 지킬 수 있었습니다. 인간의 고뇌는 끊이지 않았습니다. 시련과 고독도 끊이지 않았습니다. 인류 역사 가운데 눈물과 고통, 신음 소리가 그친 날이 없었습니다. 구약의 성도들을 대표하는 욥은 구속자의 오심을 사모하며 이렇게 탄식합니다:

"내가 알기에는 나의 구속자가 살아 계시니 후일에 그가 땅 위에 서실 것이라"(욥19:25).

과연 성부 하나님께서 자기 선지자를 통해 이렇게 말씀하셨습니다:

"그러므로 주께서 친히 징조로 너희에게 주실 것이라 보라 처녀가 잉태하여 아들을 낳을 것이요 그 이름을 임마누엘이라 하리라"(사7:14).

임마누엘! 그 뜻이 무엇입니까? 성경은 이것을 해석해 줍니다:

"보라 처녀가 잉태하여 아들을 낳을 것이요 그 이름은 임마누엘이라 하리라 하셨으니 이를 번역한즉 하나님이 우리와 함께 계시다 함이라"(마1:23).

성경은 성자 예수의 탄생을 통하여 성부 하나님께서 우리와 **'함께'** 계신다는 것을 알려 줍니다. 성자 예수는 직접 말씀합니다:

"예수께서 가라사대 빌립아 내가 이렇게 오래 너희와 함께 있으되 네가 나를 알지 못하느냐 나를 본 자는 아버지를 보았거늘 어찌하여 아버지를 보이라 하느냐"(요14:9).

그리고, 단정적으로 선언하십니다: "나와 아버지는 하나이니라"(요10:30).

놀라운 선언입니다. 항상 시간과 공간의 3차원 속에서 모든 사물을 관찰하고 이해하는 우리 인간들에게는 도저히 이해할 수 없는 선언입니다. 모든 사물은 1+1=2입니다. 아무리 다정하고 사랑하는 사이라도 아버지와 아들을 합하면 두 사람이지 한 사람이 될 수 없습니다. 그러나 본질이 사랑으로 하나이신 성부 하나님과 성자 예수께서는 각각 고유의 품격을 지니셨음에도 불구하고 온전히 하나가 되십니다. 오히려 이것을 당연히 여기시는 성자 예수께서는 이것을 이해하지 못하고 의심하는 빌립에게 되 물으십니다:

"빌립아 내가 이렇게 오래 너희와 함께 있으되 네가 나를 알지 못하느냐"(요14:9).

'**함께 함**'의 행복이 얼마나 큰지 우리 인류는 그것을 모릅니다. '**함께 함**'의 능력이 얼마나 놀라운지 모릅니다. '**함께 할 때**' 사람은 무적의 힘을 얻고 용기 백배하여 할 수 없는 일을 하며 갈 수 없는 길을 가게 됩니다. 전우가 함께 할 때 8부 능선을 넘어 고지를 향해 소리치는 소대장의 "**돌격 앞으로!**" 명령에 따라 몸을 숨겼던 엄폐물을 뒤로하고 앞으로 뛰쳐나갈 수가 있습니다. 사랑하는 여인이 '**함께 할 때**' 남자는 죽음도 두려워하지 않고 전장으로 달려갑니다. 프레밍거(Otto L. Preminger, 1905-1986)가 감독한 영화 '**영광의 탈출**'(Exodus)이란 영화 주제곡은 이렇게 노래합니다:

"**나는 단지 평범한 사람이지만, 당신이 내 곁에 있어 준다면, 하나님의 도움으로 나는 강해질 수 있다는 것을 알아요**(Though I am just man, when you are by my side, with the help of God I know I can be strong)"

평범한 사람이지만 사랑하는 여인이 곁에 '**함께**' 있을 때 남자는 용기내서 죽음을 무릅쓰고 전쟁에 임할 수 있다는 말입니다.

임종을 앞두고 영국의 감리교 창시자 요한 웨슬리(John Wesley, 1703-1791) 목사는 마지막 말을 전하기 위해 온 가족을 모았습니다. 그는 마지막 60초간 자리에 앉아 **"가장 좋은 것은 하나님이 우리와 함께 계시는 것이다."**라고 말했습니다. 그리고 다시 누워 두 손을 높이 들고 마지막 숨을 모아 다시 힘주어 말했습니다. **"가장 좋은 것은 하나님이 우리와 함께 계시는 것이다."** 그러고 나서 웨슬리는 마침내 숨을 거두었습니다.[43]

고독과 외로움의 극치

우리와 똑 같은 육을 입고 오신 성자 예수께서는 십자가의 죽음을 앞에 두고서 고민하고 슬퍼하셨습니다(마26:37). 마지막 만찬을 제자들과 함께 가지신 후 제자 가룟 유다가 자신을 팔 것을 말씀하셨습니다(마26:25). 그 후 제자들과 함께 감람산으로 나아갑니다. 성자 예수께서 제자들에게 말씀합니다:

"오늘 밤에 너희가 다 나를 버리리라 기록된 바 내가 목자를 치리니 양의 떼가 흩어지리라 하였느니라"(마26:31).

베드로가 맹세합니다:

"베드로가 대답하여 가로되 다 주를 버릴찌라도 나는 언제든지 버리지 않겠나이다"(마26:33).

제자 베드로의 결심이 얼마나 기특합니까? 그러나 성자 예수께서는 이미 오늘 밤 닭 울기 전에 그가 세 번 당신을 부인할 것을 미리 알고 계셨습니다(마26:34). 베드로는 장담합니다:

"내가 주와 함께 죽을찌언정 주를 부인하지 않겠나이다"(마26:35).

모든 제자도 이와같이 말했습니다. 그러나 성자 예수께서는 반가워하는 기색이 전혀 없으셨습니다. 겟세마네 동산에 이르러 세 제자들에게 간곡히 부탁합니다:

---

[43] 김대형, 감리교의 창시자 존 웨슬리의 마지막 유언, 네이버 블로그.

"내 마음이 심히 고민하여 죽게 되었으니 너희는 여기 머물러 나와 함께 깨어 있으라"(마26:38).

그러나 제자들은 성자 예수께서 기도하시는 동안에도 졸음을 이기지 못하고 잠들어 버리고 말았습니다. 주님께서 말씀하십니다:

"너희가 나와 함께 한 시 동안도 이렇게 깨어 있을 수 없더냐"(마26:40).

한 시 동안도, 아니 잠시 동안도 이렇게 깨어 있을 수 없는 제자들을 보면서 한심해하시거나 서운해하시지 아니하셨고 제자들을 향해 한마디 꾸짖거나 원망도 하지 않으셨습니다. 그들의 연약함을 아셨기 때문입니다:

"시험에 들지 않게 깨어 있어 기도하라 마음에는 원이로되 육신이 약하도다"(마26:41).

십자가의 고난을 앞에 둔 성자 예수의 제자들의 반응은 몹시 실망스럽습니다. 배반하는 제자가 있는가 하면, 세 번씩 부인하는 제자가 있고, 나머지 제자들은 모두 주님 버리고 떠났습니다. 성자 예수는 고독하고 외롭습니다. 아담의 범죄 이후로, 성부 하나님께서 베푸신 복되고 아름다운 가정 공동체가 깨어진 이후로 단절로 말미암아 스며든 고독과 외로움의 극치를 성자 예수는 친히 모두 담당하고 계셨습니다. 인류의 저주, 고독과 외로움의 극치를 성자 예수께서 겪고 계셨습니다.

고독과 외로움의 극치에서 성자 예수는 놀라운 선언을 하십니다:

"보라 너희가 다 각각 제 곳으로 흩어지고 나를 혼자 둘 때가 오나니 벌써 왔도다 그러나 내가 혼자 있는 것이 아니라 아버지께서 나와 함께 계시느니라"(요16:32).

우리 인류는 성자 예수를 버렸습니다. 사도 요한은 이렇게 증언합니다:

"그가 세상에 계셨으며 세상은 그로 말미암아 지은 바 되었으되 세상이 그를 알지 못하였고 자기 땅에 오매 자기 백성이 영접지 아니하였으나…"(요1:10-11).

성자 예수는 자기 땅에, 자기의 왕국에 왕으로 오셨습니다. 그러나 자기 백성은 그를 영접지 아니했습니다. 영접지 아니했을 뿐만 아니라 배반감마저 느끼게 합니다. 성부 하나님께서는 이 배반감을 가르치시려고 선지자 호세아를 부르시고 **"너는 가서 '음란'한 여자를 맞이하여 '음란'한 자식을 낳으라. 이 나라가 여호와를 떠나 크게 '음란'함이니라"**(호1:2) 말씀하셨습니다.

과연 호세아는 디블라임의 딸 고멜에게 장가들어 자녀들을 낳았습니다. 그리고 고멜은 **'타인의 사랑을 받아'**(호3:1) 음녀가 되었습니다. 바람 나 다른 남자 따라간 여인을 찾아 **'은 열다섯 개와 보리 한 호멜 반'**으로 그녀를 사서 집으로 데려옵니다. 그리고 그녀를 사랑하며 삽니다(호3:2-3). 이 모든 것은 성부 하나님의 명을 따른 것입니다. 성부 하나님께서는 당신의 선지자 호세아와 배반감과 상실감의 아픔을 함께 나누고 계십니다. 음녀는 얄밉게 말합니다:

"나는 나를 사랑하는 자를 따르리니 그들이 내 떡과 내 물과 내 양털과 내 삼과 내 기름과 내 술들을 내게 준다"(호2:5).

음녀는 호세아에게는 고멜을, 성부 하나님께는 성부 하나님의 백성 이스라엘 유다 민족을 동시에 가리킵니다. 음녀가 **'나를 사랑하는 자'**가 준 것이라고 하는 것은 사실은 모두 남편, 호세아의 것이며, 이스라엘의 남편, 성부 하나님의 것입니다:

"곡식과 새 포도주와 기름은 내가 그에게 준 것이요. 그들이 바알을 위하여 쓴 은과 금도 내가 그에게 더하여 준 것이거늘 그가 알지 못하는도다"(호2:8).

그렇게 사랑하고 돌봐 주었건만 배반하고 다른 남자를 따라간 여인에 대한 배반감과 상실감, 그리고 그녀를 사랑했던 그 남자에 대한 경쟁심과 시기심, 이 모든 아픔을 성부 하나님께서는 선지자 호세아와 함께 나누십니다. 이렇게 말씀하십니다:

"그러므로 내가 내 곡식을 그것이 익을 계절에 도로 찾으며 내가 내 새 포도주를 그것이 맛 들 시기에 도로 찾으며 또 그들의 벌거벗은 몸을 가릴 내 양털과 내 삼을 빼앗으리라"(호2:9) 말씀합니다. 그들에게 벌을 주리라 말씀합니다(호2:13).

성자 예수께서도 배반감과 상실감을 겪으십니다. 자기 백성들을 사랑하시고 돌보시는 분입니다. 자기 백성들을 위하여 십자가의 고난을 마다하지 않으시고 찾아왔는데 자기 백성들은 그를 믿지 않았고(요8:45), 그를 무시했으며(요8:49), 그를 영접하지 않았습니다(요1:11). 그들은 자신들의 왕을 '**영문 밖**', 희생 제물의 '**육체를 불 사르는**' 재처리 장소에서 마치 쓰레기 처리하듯, 예루살렘 성문 밖에서 고난 받게 하였습니다(히13:11-12). 있을 수 없는 패역입니다.

그러나, '**다른 사람**,'[44] 거짓된 자, 자기 백성들을 멸망으로 이끌 미혹하는 자, '**상한 자를 고치지 아니하며 강건한 자를 먹이지 아니하고 오히려 살진 자의 고기를 먹으며 그 굽을 찢는 자**', '**양떼를 버린 목자**'(슥11:16-17)가 오면 그를 메시아로 영접하게 될 것입니다:

"나는 내 아버지의 이름으로 왔으매 너희가 영접지 아니하나 만일 다른 사람이 자기 이름으로 오면 영접하리라"(요5:43).

성자 예수는 자기 백성들의 어리석음과 사악함의 절정을 봅니다. 어리석고 사악한 인간들은 착하고 겸손한 지도자, 백성들을 사랑하여 위하여 희생하는 '**선한 목자**'는 배척하여 십자가에 처형하고, 오히려 포악스럽고 무자비한 독재자, '**양떼를 버린 목자**'(슥11:17), 가증스럽고 멸망할 자(마24:15, 살후2:3), 적 그리스도는 자신들의 메시아로 영접할 것입니다. 이렇게 타락하고 어질어진 인간들은 멸망당해 마땅하고 포기하셔도 됩니다. 아니, 포기하셔야 마땅합니다.

그러나 독생 성자 예수께서는 끝까지 십자가의 길을 포기하지 아니하셨습니다. 자기 백성들을 사랑하시고 위해 피 흘리시기를 중단하지 아니하셨습니다. 성자 예수는 고난의 길을 벗어나지 아니하셨습니다. 극한 고독 속에, 극한 외로움 속에, 극한 배반감 속에, 모두 그를 떠난 마당에 그는 포기하지 아니하시고, 당당하게 십자가의 수난의 길을 걸어 가셨습니다. 그 힘이 어디서 나올까요? 이 장면에서 우리는 놀라운 광경을 보게 됩니다. 성자 예수께서 이렇

---

44 이 본문은 성자 예수를 메시아로 영접하지 않았던 유대인들이 앞으로 나타날 '다른 자', 즉 적 그리스도를 자기들의 메시아로 영접하게 될 것을 예언하신 말씀으로 해석됩니다.

게 말씀합니다:

"나를 보내신 이가 나와 함께 하시도다 내가 항상 그의 기뻐하시는 일을 행하므로 나를 혼자 두지 아니하셨느니라"(요8:29).

제자들은 그를 버리고 떠났어도 성부 하나님께서 그와 함께 하셨습니다. 절대 고독을 이기셨던 것은 성 삼위 하나님의 '**함께**' 하시는 코이노니아의 교제 속에 공동체적 하나가 되셨기 때문입니다. 인간이 타락한 결과인 절대 고독과 외로움은 '**함께**' 하시는 공동체적 하나되심으로 넉넉히 정복되었습니다. 육을 가진 인간들은 성부 하나님과 성자 예수님, 그리고 성령 하나님께서 사랑의 공동체로 하나가 되심을 이해하지 못합니다. 그러나 성자 예수께서는 성부, 성자, 성령께서 사랑의 공동체로 하나가 되심이 너무나 당연하셨습니다. 그래서 성자 예수께서는 담담히 말씀하셨습니다:

"나와 아버지는 하나이니라"(요10:30).

3. '동역하심'의 코이노니아

우리는 코이노니아의 마지막 세 번째 내용으로 들어옵니다. 코이노니아는 '**좋은 것을 주는 관계**'일 뿐만 아니라 '**함께 하는**' 것임을 살폈습니다. 이제 코이노니아의 마지막 뜻, 성 삼위 하나님께서 '**함께 동역하심**'에 하나 되심도 살필 것입니다.

'**참 행복은 이웃과의 융합과 일치이며 타인과의 공감과 교통**'이라고 말할 때, 삼위일체 교리는 현대인들에게 놀라운 참 행복의 길로 이끌어 줍니다. 마음 같이하여 선한 일에 힘쓸 때 놀라운 성과를 얻을 수 있을 뿐만 아니라 말할 수 없는 보람과 행복을 맛보게 됩니다. 성 삼위 하나님께서는 함께 동역하심으로 하나 되심을 우리에게 보여 주셨습니다.

시너지 효과란?

사람들은 시너지 효과를 말합니다. 우리의 생각 이상의 효과를 '**시너지 효과**'(Synergism), 협력작용(協力作用), 또는 상승효과(相乘效果)라고 하는데, 이 용어는 그리스어 낱말인 '**쉰**'(σuv, with)이란 전치사와 '**에르고스**'(εργός, working)라는 명사가 합쳐진 용어입니다. 이 단어는 "**함께 일하다**"라는 뜻을 가지고 있으며 일반적으로 두 개 이상의 요소가 하나가 되어 독립적으로만 얻을 수 있는 것 이상의 결과를 내는 작용을 의미합니다.[45]

이 개념은 여러 약물이 함께 사용되어 강화된 효과를 낼 수 있는 약리학이나, 별개의 사업 참여자가 여러 요소를 결합하여 상승 효과를 내는 비지니스, 여러 원소들의 상호 작용을 나타내는 화학이나 신학 등 다양한 분야에서 활용됩니다. 특별히 신학에서 시너지즘이란 용어는 하나님의 구원 은총과 인간의 자유 의지 사이에 어떤 형태로든 협력해야 한다는 뜻으로 무척 한정적으로 사용되었습니다.

우리는 종교개혁 당시에 두 종교개혁자들 복음주의자 루터(Martin Luther, 1483-1546)와 인문주의자 에라스무스(Desiderius Erasmus, 1466-1536) 사이에 벌어졌던 유명한 신학 논쟁 중에 이 시너지즘이 '**신인협동설**'(神人協同說, Synergism)이란 형태로 나타났던 것을 볼 수 있습니다.[46]

시너지 효과란 인간이 찾아 낸 놀라운 효과입니다. 그러나, 성 삼위 하나님께서는 만세 전부터 코이노니아적인 상호 교통과 협력 사역을 통해 인간의 말로 표현할 수 없는 고귀한 영광을 나타내 주셨습니다.

천지 창조에 '동역하심'

신구약 성서는 첫 장 창세기 1장 1절에서 이렇게 선언합니다:

---

45 인터넷 사전, *위키피디아*(https://ko.wikipedia.org/wiki/).
46 김영수, *하나님의 섭리와 인간의 자유의지에 관한 소고*, 인터넷, 코람데오닷컴; http://www.kscoramdeo.com.

"태초에 하나님이 천지를 창조하시니라"(창1:1).

천지 창조의 사역은 성부 하나님의 사역입니다. 유다의 왕 히스기야도 이렇게 기도하였습니다:

"그룹들 위에 계신 이스라엘의 하나님 여호와여 주는 천하 만국에 홀로 하나님이시라 주께서 천지를 조성하셨나이다"(왕하19:15).

느헤미야 시대의 레위인들도 이렇게 기도하였습니다:

"오직 주는 여호와시라 하늘과 하늘들의 하늘과 일월성신과 땅과 땅 위의 만물과 바다와 그 가운데 모든 것을 지으시고 다 보존하시오니 모든 천군이 주께 경배하나이다"(느9:6).

이사야 선지자도 말씀합니다:

"여호와는 하늘을 창조하신 하나님이시며 땅도 조성하시고 견고케 하시되 헛되이 창조치 아니하시고 사람으로 거하게 지으신 자시니라 그 말씀에 나는 여호와라 나 외에 다른 이가 없느니라"(사45:18).

그러나 성부 하나님 홀로 하신 사역이 아닙니다. 성자 예수께서도 함께 사역 하셨습니다:

"만물이 그로 말미암아 지은 바 되었으니 지은 것이 하나도 그가 없이는 된 것이 없느니라"(요1:3).

"그가 세상에 계셨으며 세상은 그로 말미암아 지은 바 되었으되 세상이 그를 알지 못하였고…."(요1:10).

"만물이 그에게 창조되되 하늘과 땅에서 보이는 것들과 보이지 않는 것들과 혹은 보좌들이나 주관들이나 정사들이나 권세들이나 만물이 다 그로 말미암고 그를 위하여 창조되었고…."(골1:16).

"이 모든 날 마지막에는 아들을 통하여 우리에게 말씀하셨으니 이 아들을 만유의 상속자로 세우시고 또 그로 말미암아 모든 세계를 지으셨느니라"(히1:2).

"우리 주 하나님이여, 영광과 존귀와 권능을 받으시는 것이 합당하오니 주께서 만물을 지으신지라 만물이 주의 뜻대로 있었고 또 지으심을 받았나이다 하더라"(계4:11).

이곳의 그는 '**태초**'에 계셨던 '**말씀**'(로고스)을 가리킵니다. '**이 말씀은 곧 하나님이시(며)**'성자 예수 그리스도를 지칭합니다(요1:1). 이에 대하여 시편 저자는 이렇게 증언합니다:

"여호와의 말씀으로 하늘이 지음이 되었으며 그 만상이 그 입 기운으로 이루었도다"(시33:6), "저가 말씀하시매 이루었으며 명하시매 견고히 섰도다"(시33:9).

"그러나 우리에게는 한 하나님 곧 아버지가 계시니 만물이 그에게서 났고 우리도 그를 위하며 또한 한 주 예수 그리스도께서 계시니 만물이 그로 말미암고 우리도 그로 말미암았느니라"(고전8:6).

성부 하나님의 천지 창조 사역에 성령 하나님께서도 함께 사역하셨습니다:

"태초에 하나님이 천지를 창조하시니라"(창1:1).

이 말씀에 나오는 '**하나님**'은 히브리어 원어로 '**엘로힘**'(אֱלֹהִים), 즉, 복수의 형태입니다. 이것은 성 삼위 하나님이 창조주로서 눈에 보이는 가시적인 영역과 보이지 않는 비가시적인 영역의 창조 활동에 태초부터 적극적으로 참여하셨다는 사실을 간접적으로 내 비치고 있습니다.[47]

2절에서 이렇게 말씀합니다:

"땅이 혼돈하고 공허하며 흑암이 깊음 위에 있고 하나님의 신은 수면에 운행하시니라"(창1:2).

이 말씀은 '**하나님의 영**'이신 성령께서 성부 하나님과 함께 능동적으로 창조 사역에 관여하셨음을 말해 줍니다. '**하나님의 영**'의 가시적인 임재는 성령 하나님이 실질적으로 창조주이심을 증거합니다. 실제로, 시편 기자는 창세기의 창조 기사를 상기하며, 성령께서 창조의 영으로 적극적인 역할을 수행하셨음을 알려 줍니다:[48]

---

47 전정구, 성경신학, 부흥과 개혁사, 2019, p. 42.
48 *Ibid.*

"여호와여 주의 하신 일이 어찌 그리 많은지요 주께서 지혜로 저희를 다 지으셨으니 주의 부요가 땅에 가득하니이다 (...) 주의 영을 보내어 저희를 창조하사 지면을 새롭게 하시나이다"(시104:24, 30).

'동역하심'의 결과

성부 하나님, 성자 예수님, 성령 하나님께서 함께 동역하신 결과로 참으로 좋은 세상이 창조되었습니다. 더 이상 좋을 수 없는 최고의 작품이 나왔습니다. 사람의 생각과 판단으로 상상할 수 없는 놀라운 작품입니다. 이 작품은 하나님 자신이 보시기에도 조금도 흠이 없는 **'보시기에 좋은'** 작품이었습니다. 성경은 창세기 1장 안에 여러 차례 반복하여 **'하나님이 보시기에 좋았(다)'**고 선언하였습니다. 빛을 창조하시고 말씀하십니다:

"그 빛이 하나님이 보시기에 좋았더라"(창1:4). 땅과 바다를 지으시고 말씀하십니다:

"하나님이 뭍을 땅이라 칭하시고 모인 물을 바다라 칭하시니라 하나님이 보시기에 좋았더라"(창1:10). 각종 식물을 지으시고 말씀하십니다:

"땅이 풀과 각기 종류대로 씨 맺는 채소와 각기 종류대로 씨 가진 열매 맺는 나무를 내니 하나님이 보시기에 좋았더라"(창1:12). 낮과 밤을 지으시고 말씀하십니다:

"주야를 주관하게 하시며 빛과 어두움을 나뉘게 하시니라 하나님이 보시기에 좋았더라"(창1:18). 온갖 바다의 생물들을 지으시고 말씀하십니다:

"하나님이 큰 물고기와 물에서 번성하여 움직이는 모든 생물을 그 종류대로, 날개 있는 모든 새를 그 종류대로 창조하시니 하나님이 보시기에 좋았더라"(창1:21). 땅의 짐승들을 지으시고 말씀하십니다:

"하나님이 땅의 짐승을 그 종류대로, 육축을 그 종류대로, 땅에 기는 모든 것을 그 종류대로 만드시니 하나님이 보시기에 좋았더라"(창1:25). 마지막으로 1장 끝절에서는 모든 창조의 일을 마치시고 이렇게 결론적으로 선언하십니다:

"하나님이 그 지으신 모든 것을 보시니 보시기에 심히 좋았더라"(창1:31).

'**심히 좋았다**'는 표현은 극상의 표현입니다. 더 이상 좋을 수 없는 최고로 좋은 것을 말씀합니다. 시편 저자는 이렇게 고백합니다:

"주께서 내 장부를 지으시며 나의 모태에서 나를 조직하셨나이다. 내가 주께 감사하옴은 나를 지으심이 신묘막측하심이라 주의 행사가 기이함을 내 영혼이 잘 아나이다. 내가 은밀한 데서 지음을 받고 땅의 깊은 곳에서 기이하게 지음을 받은 때에 나의 형체가 주의 앞에 숨기우지 못하였나이다. 내 형질이 이루기 전에 주의 눈이 보셨으며 나를 위하여 정한 날이 하나도 되기 전에 주의 책에 다 기록이 되었나이다. 하나님이여 주의 생각이 내게 어찌 그리 보배로우신지요 그 수가 어찌 그리 많은지요. 내가 세려고 할찌라도 그 수가 모래보다 많도소이다 내가 깰 때에도 오히려 주와 함께 있나이다"(시139:13-18).

4. 감격의 초청

신령한 것, 좋은 것을 나눠 갖는 것, 그것이 교제, 곧 '**코이노니아**'(롬15:27)입니다. 성자 예수께서는 당신을 믿고 따르는 자들에게 각양 좋은 것을 나누어 주셨습니다. 말씀을 나누어 주셨고, 하늘의 비밀을 나누어 주셨고, 마지막에는 당신의 몸을 찢어 나누어 주셨습니다. "나는 하늘로서 내려온 산 떡이니 사람이 이 떡을 먹으면 영생하리라 나의 줄 떡은 곧 세상의 생명을 위한 내 살이로라 하시니라"(요6:51). '**영생하는 떡**', 곧 '**당신의 살**'을 나누어 주셨습니다. 우리에게 영생의 물을 나누어 주셨습니다. "내가 주는 물을 먹는 자는 영원히 목마르지 아니하리니 나의 주는 물은 그 속에서 영생하도록 솟아나는 샘물이 되리라"(요4:14). 모든 것을 나누어 주셨습니다. 당신의 귀한 생명까지 아낌 없이 우리에게 쏟아 부어 주셨습니다. 그것이 성자 예수께서 보여 주신 사귐이요, 친교입니다.

이뿐만 아니라 우리는 한 발 더 나아가 상상할 수도 없는 초청, 성 삼위 하나님의 교제 속으로 들어가는 초청을 받게 됩니다. 계모의 학대를 받던 가난한 아가씨 신데렐라가 요정의 도움을 받아 감히 화려한 궁중 무도회에 참석한다는 동화책에나 나올 법한 놀라운 초청이 정말 온 인류를 향하여 선포된 것입니다. 죄로 영원히 죽을 수밖에 없던 죄인들이 성자 예수의 피의 공로로 초청되어 성 삼위 하나님의 영광스러운 교제 속으로 초청이 되었습니다. 사도 요한은 이렇게 말합니다:

"우리가 보고 들은 바를 너희에게도 전함은 너희로 우리와 사귐이 있게 하려 함이니 우리의 사귐은 아버지와 그 아들 예수 그리스도와 함께 함이라"(요일1:3).

사도 요한이 성도들에게 복음을 전하는 이유가 무엇입니까? '**너희로 우리와 사귐이 있게 하려 함**'이라고 말합니다. 그리고 그 사귐은 '**아버지와 그 아들 예수 그리스도와 함께 함**'이라고 증언합니다. 아버지는 성부 하나님을 가리킵니다. 그리고 그 아들 예수 그리스도와 함께 하는 사귐이란 성도들의 사귐을 뛰어 넘어 성 삼위 하나님과의 사귐 속으로 참여시키겠다는 뜻입니다.

이것은 비약이 아닙니다. 성 삼위 하나님의 초청이고 약속입니다. 그 목적은 바로 그 다음 절 4절에 나옵니다:

"우리가 이것을 씀은 우리의 기쁨이 충만케 하려 함이로라"(요일1:4). 사도 요한이 이 내용을 쓰는 목적은 '**우리의 기쁨**'이 충만케 하려 함이라고 기술합니다. 서신을 쓰는 목적과 함께 사귐을 선포하는 목적도 포함됩니다. 무엇입니까? 기쁨 충만입니다. 말할 수 없는 행복을 우리에게 약속해 주셨습니다. 다음 장에서는 인류가 상상하지 못했던 놀라운 영광, 하나님께서 약속하신 영광을 살펴 볼 것입니다.

제3장
영광의 길

1. 신격화(神格化, deification)[49]

성도들에게 영광의 날은 반드시 옵니다. 특별히 그리스도의 고난에 참여하는 자에게는 영광의 날이 있을 것임을 성경은 분명히 약속해 주었습니다:

"그리스도의 고난이 우리에게 넘친 것같이 우리의 위로도 그리스도로 말미암아 넘치는도다"(고전1:5).

"너희를 위한 우리의 소망이 견고함은 너희가 고난에 참예하는 자가 된 것같이 위로에도 그러할 줄을 앎이라"(고후1:7).

"그리스도를 위하여 너희에게 은혜를 주신 것은 다만 그를 믿을 뿐 아니라 또한 그를 위하여 고난도 받게 하심이라"(빌1:29).

사도 바울은 심지어 이렇게 고백합니다:

"내가 이제 너희를 위하여 받는 괴로움을 기뻐하고 그리스도의 남은 고난을 그의 몸된 교회를 위하여 내 육체에 채우노라"(골1:24).

사도 바울은 믿음의 아들 디모데에게 자기와 함께 고난 받자고 말합니다:

"네가 그리스도 예수의 좋은 군사로 나와 함께 고난을 받을찌니…."(딤후2:3).

---

49 Deification(헬, theosis)은 신성화(神性化)로도 번역 가능하나 이미 신학자들이 공통적으로 '신격화'로 번역하였고 '신성화' 보다는 '신격화'가 내용적으로 본래의 의미에 더 부합하기에 이 글에서도 '신격화' 번역을 따름.

"그러나 너는 모든 일에 근신하여 고난을 받으며 전도인의 일을 하며 네 직무를 다하라"(딤후4:5).

사도 베드로도 우리에게 그리스도의 고난에 참예하는 것으로 즐거워하라고 권면합니다:

"오직 너희가 그리스도의 고난에 참예하는 것으로 즐거워하라 이는 그의 영광을 나타내실 때에 너희로 즐거워하고 기뻐하게 하려 함이라"(벧전4:13).

성도가 그리스도의 고난에 참예하는 것으로 즐거워해야 할 이유가 무엇입니까? 베드로는 말합니다. 이는 그의 영광을 나타내실 때에 '**즐거워하고 기뻐하게 하려 함**'이라고 말합니다. 사도 바울은 '**장차 우리에게 나타날 영광**'이 크기 때문이라고 말합니다:

"생각건대 현재의 고난은 장차 우리에게 나타날 영광과 족히 비교할 수 없도다"(롬8:18).

콘스탄티노플 공의회에서 삼위일체 교리가 확정될 때에 지대한 공헌을 했던 갑바도기아의 세 교부들 중 한 분인 니사의 그레고리는 이렇게 말합니다:

"**우리로 하여금 하나님이 되게 하기 위해 하나님이 인간이 되셨다**"(Gott ist Mensch worden, dass wir Gott wurden).[50]

'**인간이 하나님이 되는 것, 또는 하나님처럼 되는 것**'을 신학적인 표현으로 '**신격화**'라 말합니다. 이 표현으로 동방의 교부 니사의 그레고리는 기독교의 진리를 아주 간결하고 명확하게 진술했습니다. 그러나, 이 표현은 현대 한국 개신교 교인들에게는 매우 불경스럽게, 또 가당치 않게 느껴집니다. 이것이 가당한가? 어떻게, 인간이 하나님이 될 수 있으며 하나님처럼 될 수 있다는 말인가? 거부감조차 느껴지며 불경스럽게 여겨집니다. 왜냐하면, 이것은 너무나 엄청난 내용이기 때문입니다. 만약 이것이 사실이라면, 이처럼 우리 인류에게 엄청난 영광스러운 약속은 없을 것입니다. 그래서, 신격화 교리를 믿을 수

---

50 Davis S. Schaff, *History of the Christian Church*, v. VI, p. 251.

있는 정통 교리인지 묻지 아니할 수가 없습니다.

　이 신격화는 성자 예수의 성육신 교리와 연결된 하나님의 영광으로 인간을 초청해 주신 하나님의 약속에 대한 교리입니다. 성자 예수께서 왜 인간이 되셨나? 바로 인간을 신격화하기 위해서 성육신하셨다고 교부들은 가르쳤습니다. 신격화는 바로 삼위일체 교리가 보여주는 세 번째 길, 영광의 길입니다. 이 장에서 신격화 교리를 통하여 삼위일체 교리가 보여주는 그 영광의 길을 찾아볼 것입니다.

　우리는 자연스럽게 세 가지 질문을 하게 됩니다:

　첫째, '**신격화**'가 인간의 '**우상화**'가 아닌가? 신격화는 인간의 우상화와 다릅니다. 그 다른 점을 살펴볼 것입니다.

　둘째, 신격화 교리가 교회 역사 가운데 정통 교리로 인정되었는가? 왜냐하면, 신격화의 내용이 우리 인간들에게는 엄청난 영광이기에 믿을 수 있는 교리인지를 살피고자 합니다.

　셋째, 이 교리가 성경에 근거를 갖고 있으며 성경 내용과 부합하는가? 기독교 신앙의 최종 근거는 성서입니다. 아무리 좋은 약속이라도 성서에 근거를 두지 아니한 약속이라면 우리는 받아들일 수가 없기 때문입니다. 신격화에 대한 성서적 근거를 살필 것입니다.

2. 첫째 질문: 신격화는 인간의 우상화가 아닌가?

　현대 한국 개신교회 신자들이 신격화에 대하여 거부감을 느끼는 것은 바로 신격화라는 용어가 인간의 우상화를 연상하기 때문입니다. 역사상 인류는 수많은 인간의 우상화, 곧 신격화를 보았습니다.

　하나님께서는 영원한 때 전부터 택하신 자들에게 영생의 소망을 약속해 주셨습니다. 사도 바울은, "…. 나의 사도 된 것은 하나님의 택하신 자들의 믿음과…. 영생의 소망을 인함이라 이 영생은 거짓이 없으신 하나님이 영원한 때 전부터 약속하신 것"(딛1:1-2)이라 말씀합니다.

'영생의 소망'은 온 인류의 소망입니다. 그러나 참된 영생의 소망은 그리스도 예수 안에 있는 **'택하신 자들'**에게만 주신 약속입니다. 다른 이들도 **'영생의 소망'**은 있으나 참된 것이 아니라 거짓된 것일 뿐입니다. 이것이 인류의 비극입니다.

헛된 **'영생의 소망'** 때문에 고대인들은 영생불멸(永生不滅)를 꿈꾸며 죽은 시체로 미이라를 만들고 중국의 진시황제(秦始皇帝, BC 259-BC 210)는 불로불사(不老不死)를 꿈꾸며 불로초(不老草)를 구하기 위해 신하 서복을 시켜 수많은 보물과 소년 소녀 3천명을 실어 봉래산으로 보냈습니다. 그들은 다시는 돌아오지 않았습니다.[51] 모두 헛된 꿈이었습니다.

인간의 욕심은 한이 없습니다. 에덴 동산의 뱀이 하와에게 심어 준 헛된 꿈, "하나님과 같이 되어...."(창3:5)라는 속삭임은 인류 역사에서 끝없이 반복됩니다. 수많은 황제나 통치자들, 권세자들이 하나님과 같이 되어 절대자로 자신을 높이고 자신을 숭배하게 했던 것을 역사에서 쉽게 봅니다. 로마의 황제들이 그러하였고, 지금도 북한의 김일성, 김정은, 김정일로 이어지는 김씨 3대 세습 체제가 그러하며, 그 밖에 수많은 독재자들과 이단자들이 자신의 백성들에게, 또는 자신을 따르는 신도들에게 자신을 경배할 것을 강요했던 것을 보게 됩니다. 모두 헛된 꿈이며 이것이 인간의 우상화요 신격화입니다. 성도들은 로마 제국 시대나, 어느 시대든지 그러한 인간의 우상화에 대하여 단호히 거부하며 오직 유일하신 참 하나님만 경배하며 순교를 당할 망정 자신들의 믿음을 지켰습니다.

그러나 기독교 진리의 신격화 교리는 이와 다릅니다. 인간이 스스로 하나님이 되는 것이 아니라, 하나님께서 먼저 인간이 되신 것을 말합니다. 신격화는 성자 예수께서 성육신하심으로, 즉 성자 예수의 겸손과 순종과 희생으

---

[51] "진시황제", *인터넷 위키피디아*.

로 말미암아 주어진 은혜로, 우리 인간을 하나님의 영광으로 이끌어 주시겠다는 하나님의 약속입니다. 신격화는 우리의 노력으로 되는 것이 아니라 하나님의 은총으로 이루어지는 것을 말합니다. 하나님께서 당신의 영광에로 우리 죄 많은 인간을 이끌어 주시기 위해 친히 성육신 하셔서 이 땅에 내려오심을 증거하는 것입니다. 이 신격화 교리는 성경의 핵심 내용이며 하나님의 약속입니다.

문제는 '인간의 우상화'를 말하는 신격화와 하나님의 약속인 '성서가 말하는 신격화'와 같은 용어를 사용하는 데서 생기는 혼동 때문에 한국 개신교회 교인들은 신격화라는 용어에 낯설고 그래서 거부감을 느끼게 되는 것입니다. 이 글에서는 그러한 혼동을 피하기 위해 인간의 우상화를 말하는 신격화는 오직 '우상화'로, 그리고, 성서가 말하는 하나님의 약속이자 기독교 교리인 신격화만 오직 '신격화'로 구별하여 사용하겠습니다.

3. 두 번째 질문: 신격화 교리가 기독교의 정통 교리인가?

신격화 교리가 교회 역사 가운데 정통적인 신학으로 인정된 교리인가 하는 것이 자연스럽게 제기되는 질문입니다. 역사 가운데 수많은 이단의 가르침들이 등장하였고 그럴 때마다 교회는 이단적인 가르침들을 배척하여 교회의 정통 신앙 고백을 지켜왔기 때문입니다.

결론적으로 말하자면, 신격화 교리는 일찍부터 수많은 교부들이 인용했고 인정해 온 교리라는 것입니다. 교회는 성자 예수의 성육신 교리 속에 신격화 교리를 포함시켰습니다. 성자 예수께서 육신의 몸을 입고 이 땅에 오신 것은 육을 가진 우리 인간들로 신의 영광에 참여토록 하기 위함이었다고 말합니다.

서방 교회가 낳은 사도 바울 이후 최대의 신학자라 칭함을 받는 히포의 성 어거스틴은 **'신격화'**가 **'하나님의 은혜의 행위'**이며 **'인간의 종말론적 목**

표'임을 강조합니다. 인간이 하나님의 형상을 따라 창조 되었다는 사실은 인간이 하나님이 아님을 보여주며, 불멸성을 받아 신격화되어야 하는 목표를 갖는다고 말합니다. 어거스틴에 의하면 성육신의 목표가 신격화입니다: **"인간이었던 자들이 신이 될 것이요, 하나님이셨던 분이 인간이 되셨다."**[52]

어거스틴 이전에도 이미 많은 교부들이 신격화 교리를 말했습니다. 특별히 니케아 공의회에서 아리우스 이단과 싸워 동일본질론을 주장, 전통적인 삼위일체론을 지켜 냈던 '**정통 기독교 신앙의 아버지**' 아타나시우스는 일찍이 신격화를 분명히 말했습니다: **"그(하나님의 말씀)는 우리로 하여금 하나님이 되도록 인간이 되셨다."**[53]

순교자 폴리캅의 제자이며 고대 기독교의 속사도 교부로 존경받는 이레니우스(Irenaeus, 130-202)도 **"이 때문에 하나님의 말씀이 인간이 되셨고, 하나님의 아들이셨던 이가 인간의 아들이 되셨는데, 이는 사람이 말씀에 참여하여서 입양된 뒤에 하나님의 아들이 되도록 하기 위함이었다."**[54]고 말합니다.

알렉산드리아의 클레멘스(Clement, 150-215)는 기독교인의 삶의 목표는 신격화라는 견해를 표명하였는데, 신격화는 플라톤 철학의 '**신에게로 흡수됨**'(assimilation into God)과 성경에 근거한 철학들의 '**신을 닮아감**'(imitation of God)이라는 두 개념이 동일한 개념이라고 하여 기독교 신앙을 플라톤 철학으로 해석하려 했던 것을 보게 됩니다.[55] 성자 예수는 하늘의 가르침으로 우리를 신격화시키면서 성부의 값진 기업을 우리에게 주신다고 그는 설명하였습니다.[56]

---

52 유해무, *신학; 삼위일체 하나님을 향한 송영*, 성약출판사, 2007, p. 263.
53 이동영, *송영의 삼위일체론*, 새물결플러스, 2017, p. 239에서 재인용.
54 *Ibid.*, p. 248에서 재인용.
55 "Clement of Alexandria." Cross, F. L., ed. *The Oxford dictionary of the Christian church*. New York: Oxford University Press. 2005.
56 이동영, *op. cit.*

히폴리투스(Hippolytus, 170?-235)는 성도에게 **"그대는 신이 되었고…. 그대는 신격화되었고 불멸성을 향하여 태어났다"**[57]고 말합니다.

오리게네스(Origenes, 185-253)도 같은 생각을 가지고 있었습니다. 그는 **"하나님의 로고스가 우리의 구원을 위하여 인간이 되셨고, 그 결국은 우리가 본성상 하나님의 아들이신 그 분의 모양을 따라 신격화되는 것이다."**[58]라고 말합니다.

그 밖에도 '**교회의 박사**'로 추앙 받은 예루살렘의 시릴(Cyril of Jerusalem, 313?-386), 콘스탄티노플 공의회 때에 정통 삼위일체 교리가 확정되는데 큰 공헌을 했던 갑바도기아의 세 교부들, 가이사랴의 바실(St. Basil the Great, 330-379)도, 위에서 이미 언급했듯이 니사의 그레고리(Gregorius Nyssenus, 335-395)도, 모두 신격화 교리를 지지하였습니다.[59]

신격화 교리는 주로 동방 교회의 전통으로 전해져 왔습니다. 서방 교회에서는 약 1천년 동안 신격화 교리에 대하여는 등한히 여겼던 것이 사실입니다. 그럼에도 불구하고 루터(Martin Luther, 1483-1546)나 칼빈(John Calvin, 1509-1564) 등 종교 개혁자들은 신격화-성육신이라는 단어를 직접 사용하지는 않았지만, 내용 상으로는 신격화 교리에 부합한 내용을 언급하기도 하였습니다. 루터는 1514년 성탄절 설교에서 이렇게 말합니다:

"하나님의 말씀이 육신이 되었으니, 마찬가지로 육신이 말씀이 되는 것은 필수적입니다. 즉, 강함이 약함이 되어 약함이 강함이 되게 하셨습니다. 로고스가 우리의 형태와 방식, 우리의 형상과 모습을 입으셔서, 우리가 그분의 형태, 그분의 방식, 그리고 그분의 모습을 입도록 하셨습니다."[60]

칼빈도 이렇게 말합니다:

---

57 *Ibid.*, p. 250에서 재인용.
58 *Ibid.*, p. 251에서 재인용.
59 유해무, *op. cit.*, p. 256-262.
60 임대웅, *임대웅 박사 신간, 간추린 신격화 교리*, 인터넷 코람데오닷컴, 2019.

"이것은 그리스도의 한량없는 인애로 말미암은 놀라운 교환이다. 즉, 우리와 함께 인자가 되심으로써 우리가 그와 함께 하나님의 아들들이 되게 하셨고, 자신이 땅에 내려오심으로써 우리가 하늘로 올라갈 길을 준비하셨으며, 우리의 죽을 운명을 가지심으로써 우리에게 그의 불멸을 주셨고, 우리의 무력함을 받으시고 그의 힘으로 우리를 강하게 하셨으며, 우리의 빈곤을 받으시고 그의 풍부하심을 우리에게 넘겨주셨고 또 우리를 억압하던 우리의 죄의 짐을 스스로 지시고 그의 의를 우리에게 입혀 주셨다."[61]

그러고 보면, 신격화라는 교리는 비록 동방 교회의 전통으로만 이어져 왔으나 내용 상으로는 동방 교회 교부들로부터 종교개혁 시대에 이르기까지 교회 지도자들이 강조해 온 기독교의 정통 교리임이 분명합니다. 그렇다면, 이 기독교 정통 교리를 서방 기독교 신학이 어떻게 하여, 어떤 이유로 등한히 여기게 되었는지 묻지 아니할 수가 없습니다.

동방 정교회가 지켜낸 신격화 교리

395년 로마 제국이 동서로 갈라진 후, 교회도 여러가지 요인으로 동방교회와 서방교회로 갈라지게 되었습니다. 동방교회는 로마 제국의 동쪽 지역이며 현재 주로 그리이스 정교회(희랍 정교회)와 러시아 정교회가 속해 있고, 서방교회는 로마 제국의 서쪽 지역으로 현재 개신교회를 포함한 로마 천주교회가 속해 있습니다. 우리 나라 개신교회는 서방교회의 전통 아래 놓여 있습니다.

신격화 교리는 주로 로마 제국의 동쪽 지역의 교부들이 성자 예수의 성육신을 해석하면서 강조했던 교리였습니다. 그 전통은 로마 제국 동쪽 지역 뿐만 아니라 로마 제국 서쪽 지역을 포함하여 전 로마 제국 교회로 이어졌으나, 로마 제국 내의 서방 교회의 신학에서는 점차 주류 신학에서 관심 밖으로 밀려나게 되었습니다. 어거스틴만 하여도 암부로시우스(Sanctus Ambrosius, 340

---

61 *Ibid.*

년?-397)로부터 신격화 교리를 전수받았고, 그 교리를 지켰습니다. 그러나 그 이후 중세에 들어오면서 서방 교회는 일부 신비주의자들이 이 교리를 수용하였을 뿐, 대부분의 교회에서는 이 교리에 관심을 두지 않았습니다.

서방 교회는 범신론과의 투쟁 속에서 고대 동방 교회의 이런 가르침을 외면하였습니다. 게다가 19세기 리츨(Albrecht Ritschl, 1822-1889)과 하르낙(Adolf von Harnack, 1851-1930) 등이 주도한, 독일의 자유주의 신학은 신격화 교리를 동방 교회가 이교도의 신화적인 영향을 받은 것으로 간주하였으며 저급하게 취급하였습니다. 자유주의 신학은 합리와 이성을 바탕으로 성경을 해석하려 하였고 합리와 이성에 부합하지 않은 부분은 신화적인 것으로 여겼으며 성경 속에서 윤리적인 교훈만을 주로 찾으려고 하였습니다. 그래서, 그들도 역시 신격화 교리를 중세 신비주의의 영향을 받은 이교도적인 교훈으로 판단하였습니다.[62]

서방 교회가 신격화 교리에 관심을 두지 않는 동안 오늘 날까지도 동방 정교회는 이 신격화 교리를 중요한 교리로 꾸준히 지켜 왔으며, 심지어 신학의 가장 큰 주제는 하나님의 인간화(성육신)와 인간의 신격화라고 말해 왔습니다. 동방 교회와 서방 교회가 나뉘어진 1054년 이후 2010년 에큐메니칼 운동[63]이 벌어지기까지 오랫 동안 동방 교회와 서방 교회는 서로 교류 없이 지내왔습니다.

에큐메니칼 운동 이후 동방 교회와 서방 교회는 서로 대화하기 시작하면서 서방 교회는 비로서 동방 교회의 신격화 교리를 접하고 관심쓰기 시작하였습니다. 동방 교회의 신격화 교리를 접한 서방 교회 입장에서는 신격화 교리라고 하는 것은 약 천 년 이상 잊혀졌던 교리였고, 그 동안 '**잃어 버렸던 약**

62　이동영, *op. cit*., p. 242-243.
63　교회 일치 운동(敎會一致運動) 또는 에큐메니즘(영어:Ecumenism)은 개신교회의 일치에서 시작하여, 개신교회와 정교회의 협력으로 이어진 기독교 교회 일치 운동이다. 기독교의 다양한 교파를 초월하여 모든 교회의 보편적 일치 결속을 도모하는 신학적 운동이다(출처: "교회일치운동", 인터넷 한국위키피디아 사전).

속'⁶⁴을, 곧 신격화 교리를 되찾은 셈이 되었습니다.

4. 세 번째 질문: 신격화 교리가 성경적 근거가 있는가?

신격화 교리를 주장했던 대부분의 교부들이 언급한 성경 본문은 시편 82:6절입니다. 이 본문은 성자 예수께서 먼저 인용하셨습니다:

"예수께서 가라사대 너희 율법에 기록한 바 내가 너희를 신이라 하였노라 하지 아니하였느냐 성경은 폐하지 못하나니 하나님의 말씀을 받은 사람들을 신이라 하셨거든 하물며 아버지께서 거룩하게 하사 세상에 보내신 자가 나는 하나님 아들이라 하는 것으로 너희가 어찌 참람하다 하느냐"(요10:34-36).

성자 예수께서 영생에 대하여 설명하시면서 "나와 아버지는 하나이니라"(요10:30) 말씀하셨습니다. 당신을 성부 하나님과 동일하게 여기시자 유대인들이 이를 참람하게 여겨 돌을 들어 치려할 때에 성자 예수께서 구약을 인용하셨습니다: "하나님의 말씀을 받은 사람들을 신이라 하셨거든…."

이 말씀은 시편 82:6절의 인용입니다:

"내가 말하기를 너희는 신들이며 다 지존자의 아들들이라 하였으나…"(시82:6).

구약의 원문에서는 '지존자의 아들들'⁶⁵을 '신들'이라 하였고, 이것을 성자 예수께서는 '하나님의 말씀을 받은 사람들'을 '신'이라 읽으셨습니다. '하나님의 말씀을 받은 사람들', '하나님의 임무를 받은 사람들'은 곧 '지존자의 아들들'입니다. 그들은 곧 신(들)입니다. 교부들은 이들을 성도들로 해석하였습니다. 교부들 중 어거스틴은 이렇게 말합니다: "**구주의 은혜로 구속함을 입었고, 보혈로 속함을 받았고, 물과 성령으로 거듭났고, 천국 유업의 예정을 받았다면 실로 하나님의 아들들이다. 따라서 그들은 이미 신들이다.**"⁶⁶

---

64 임대웅, *op. cit.*
65 히브리어 원문 상으로는 '지존자의 아들들'은 시 82: 1절의 재판장들을 가리킵니다.
66 유해무, *op. cit.*, p. 263에서 재인용.

어거스틴은 요한복음 1:12절을 인용하면서 시편 95:3절을 해설합니다: "참 하나님께서는 자기를 믿는 자들을 신들로 만드시며, 그들에게 하나님의 자녀가 되는 권세를 주셨다...... 우리의 내면의 눈을 조명하심으로써 우리를 신들로 만드셨다."[67]

"영접하는 자 곧 그 이름을 믿는 자들에게는 하나님의 자녀가 되는 권세를 주셨으니...."(요1:12).

"대저 여호와는 크신 하나님이시요 모든 신 위에 크신 왕이시로다"(시95:3).

신격화를 설명하는 본문 "....신의 성품에 참예하는 자가 되게 하려 하셨으니...."(벧후1:4), 이 본문을 오리겐이나 3세기 교부들은 인용하지 아니하였는데 그것은 아마도 그 때까지 신약 경전이 아직 확립되지 않았던 관계로 그들이 베드로 서신을 접하지 못했을 것으로 짐작됩니다.[68] 그 이후의 교부들은 이 본문을 인용하며 '신의 성품에 참여하는 것'이 곧 신격화임을 설명하였습니다.

신격화의 약속

고대 교부들이 신격화를 주장할 때에는 모두 성경을 근거로 하였습니다. 그들이 언급했던 성경 본문 이외에도 상당한 본문들이 신격화 교리를 뒷받침해 주고 있습니다. 성도들이 받을 영광에 대하여 성경은 약속합니다:

"자녀이면 또한 후사 곧 하나님의 후사요 그리스도와 함께 한 후사니 우리가 그와 함께 영광을 받기 위하여 고난도 함께 받아야 될 것이니라"(롬8:17).

"생각건대 현재의 고난은 장차 우리에게 나타날 영광과 족히 비교할 수 없도다"(롬8:18).

"그 바라는 것은 피조물도 썩어짐의 종 노릇 한 데서 해방되어 하나님의 자녀들의 영광의 자유에 이르는 것이니라"(롬8:21).

그렇다면, 성도들이 장차 받게 될 영광은 어떠한 것입니까? 우리의 영광

---

[67] Ibid.
[68] Ibid.

은 '**만세 전에 미리 정하신 것**'입니다:

"오직 비밀한 가운데 있는 하나님의 지혜를 말하는 것이니 곧 감취었던 것인데 하나님이 우리의 영광을 위하사 만세 전에 미리 정하신 것이라"(고전2:7).

그 영광은 우리가 우리의 잠시 받는 환란에 비하면, 지극히 크고 영원한 것입니다:

"우리의 잠시 받는 환난의 경한 것이 지극히 크고 영원한 영광의 중한 것을 우리에게 이루게 함이니…"(고후4:17).

우리가 장차 받게 될 영광은 우리의 낮은 몸이 자기(성자 예수의) 영광의 몸의 형체와 같이 변케 되는 것을 말합니다:

"그가 만물을 자기에게 복종케 하실 수 있는 자의 역사로 우리의 낮은 몸을 자기 영광의 몸의 형체와 같이 변케 하시리라"(빌3:21).

'자기 영광의 몸'의 형체?

사도 바울이 말한, '**우리의 낮은 몸**'이란, 현재 우리가 입고 있는 몸을 가리킵니다. 병들기 쉽고, 깨지기 쉽고, 쇠약하며, 늙어가고 언젠가는 흙으로 돌아가는 우리가 현재 입고 있는 육신을 가리킵니다. 그 몸을 '**낮은 몸**'이라 불렀습니다. 무엇에 비하면 가치가 떨어지고 급이 낮은 몸, 싸구려 몸이란 뜻입니다. 그 무엇에 비했을까요? '**자기 영광의 몸**'과 비교했을 때입니다. '**자기 영광의 몸**'은 무엇입니까? '**자기**'란 성자 예수를 가리킵니다. 우리 주님의 영광의 몸은 어떤 모습일까요? 세 제자들을 따로 데리시고 변화산에 오르신 성자 예수께서 제자들 앞에서 그 모습이 변형되셨습니다. 그 전에 성자 예수께서 제자들에게 말씀하셨습니다:

"여기 섰는 사람 중에 죽기 전에 하나님의 나라를 볼 자들도 있느니라"(눅9:27, cf. 마16:28, '인자가 그 왕권을 가지고 오는 것을….'막9:1, '하나님의 나라가 권능으로 임하는 것을….').

성자 예수께서 언급하신, '**하나님의 나라**', '**그 왕권**'은 바로 하나님의 나라의 **'영광'**을 가리킵니다. 성자 예수께서는 그 영광을 당신의 변형된 모습을 통해 보여주셨습니다. 그가 보여주신 영광의 모습을 복음서 기자들은 이렇게 전합니다:

"저희 앞에서 변형되사 그 얼굴이 해같이 빛나며 옷이 빛과 같이 희어졌더라"(마17:2).

"그 옷이 광채가 나며 세상에서 빨래하는 자가 그렇게 희게 할 수 없을 만큼 심히 희어졌더라"(막9:3).

"기도하실 때에 용모가 변화되고 그 옷이 희어져 광채가 나더라"(눅9:29).

얼굴이 해같이 빛나셨을 뿐만 아니라 그가 입고 있던 옷이 빛과 같이, 혹은 광채가 나며 세상에서 빨래하는 자가 그렇게 희게 할 수 없을 만큼 심히 희게 되었습니다. 이것이 바로 그 영광입니다. 그 나라의 영광이고 그 나라의 왕권을 가지시고 오실 **'그 분의 영광의 모습'**입니다.

이를 본 제자들의 반응 역시 놀랍습니다:

"베드로가 예수께 고하되 랍비여 우리가 여기 있는 것이 좋사오니 우리가 초막 셋을 짓되 하나는 주를 위하여, 하나는 모세를 위하여, 하나는 엘리야를 위하여 하사이다"(막9:5).

말도 안 되는 말을 합니다. 베드로는 이미 장가들어 집에는 부인과 아이들이 있었습니다. 그러나, 순간적으로 부인도, 아이들도 모두 잊고, 그 나라의 영광에 마음 빼앗긴 베드로는 바로 그곳에 초막 셋을 짓고 살고 싶다고 말합니다. 복음서 기자는 그것을 이렇게 표현합니다:

"이는 저희가 심히 무서워하므로 저가 무슨 말을 할는지 알지 못함이더라"(막9:6).

주께서는 그 나라의 왕권으로 사망 권세를 이기시고 부활하셨습니다. 그 때의 모습입니다:

"그 형상이 번개 같고 그 옷은 눈같이 희거늘...."(마28:3). 그러나 이 장면은 주님의 부활의 장면이 아닙니다. 주님의 천사의 모습입니다. 누가복음은 "찬란

한 옷을 입은 두 사람"(눅24:4)의 모습을 보여줍니다. 하물며 그 나라의 왕권을 가지신 주님의 부활의 모습이야 어떠하였겠습니까?

제자들이 그 영광을 보았을 때, 심히 무서울 만큼 놀라웠고, 무슨 말을 할는지 알지 못하고 정신 차리지 못할 만큼, 그 영광이 아름다웠습니다. 그런데, 사도 바울은 말합니다: "우리의 낮은 몸을 자기 영광의 몸의 형체와 같이 변케 하시리라"(빌3:21). 우리의 낮은 몸을 자기 영광의 몸의 형체와 같이 변케 하시리라 약속해 주셨습니다. 교부들이 말한 신격화란 바로 이것이 아니겠습니까? 신격화란, 주님의 영광의 몸의 형체와 같이 변케 되는 것을 말합니다. 우리의 낮은 몸이 주님의 영광의 몸의 형체처럼 변화되는 것을 말합니다.

신격화는 언제?

그렇다면, 언제 이런 일이 있겠습니까? 성경은 바로 '**그리스도께서 나타나실 그 때**'라고 지목합니다:

"우리 생명이신 그리스도께서 나타나실 그 때에 너희도 그와 함께 영광 중에 나타나리라"(골3:4).

그렇다면, 그리스도께서 나타나실 '**그 때**'는 어느 때일까요? 성자 예수께서 다시 오시는 재림의 때를 가리킵니다. 주의 재림의 정확한 날짜와 때를 알 수 없을까요? 성자 예수께서 말씀하셨습니다:

"그러나 그 날과 그 때는 아무도 모르나니 하늘의 천사들도, 아들도 모르고 오직 아버지만 아시느니라"(마24:36, 막13:32). 주의 재림의 날과 때는 아무도 모른다고 말씀하셨습니다. "그런즉 깨어 있으라 너희는 그 날과 그 시를 알지 못하느니라"(마25:13). 뿐만 아니라 우리가 알 바가 아니라고 말씀하셨습니다: "가라사대 때와 기한은 아버지께서 자기의 권한에 두셨으니 너희의 알 바 아니요"(행1:7).

그렇지만, 성자 예수께서는 일찍이 재림의 징조를 말씀하셨습니다:

"그 때에 인자의 징조가 하늘에서 보이겠고 그 때에 땅의 모든 족속들이 통곡하며 그들이 인자가 구름을 타고 능력과 큰 영광으로 오는 것을 보리라"(마24:30).

그리고 그 징조가 나타나는 때를 말씀해 주셨습니다: "그 날 환난 후에 즉시 해가 어두워지며 달이 빛을 내지 아니하며 별들이 하늘에서 떨어지며 하늘의 권능들이 흔들리리라"(마24:29). 즉 징조가 하늘에서 보이는 주의 재림의 때는 바로 그 전 절, 29절에서 '**그 날, 환난 후**'라고 말씀해 주셨습니다. 뿐만 아니라 그 이전 절, 21절에서 '**큰 환난**'에 대하여 말씀하시고 그 큰 환난이란 '**선지자 다니엘의 말한 바 멸망의 가증한 것이 거룩한 곳에 선 것을 보(는 때)**'(마24:15)로부터 시작된다는 것을 말씀해 주셨습니다. 선지자 다니엘의 말한 바 멸망의 가증한 것은 '**적 그리스도**'를 두고 말씀하신 것입니다. 적 그리스도의 등장에 관하여 사도 바울은 단정적으로 말씀합니다:

"누가 아무렇게 하여도 너희가 미혹하지 말라 먼저 배도하는 일이 있고 저 불법의 사람 곧 멸망의 아들이 나타나기 전에는 이르지 아니하리니...."(데후2:3).

이 본문에서 '**먼저**'란 바로 그 이전 절들, 1-2절의 내용을 보면, '**우리 주 예수 그리스도의 강림하심과 우리가 그 앞에 모임**' 이전을 말씀합니다. 즉, 쉽게 설명하자면, 예수 그리스도의 강림은 '**배도하는 일**', '**불법의 사람, 곧 멸망의 아들이 나타나기 전**'에는 예수 그리스도의 강림과 우리가 그 앞에 모이는 일은 없을 것이라는 것을 못 박아 말씀하고 계십니다.

결론적으로 요약하자면, 성자 예수 그리스도의 재림은 '**멸망의 아들**' 적 그리스도가 나타기 전, 그리고 그로 말미암아 큰 환난이 있기 전에는 이르지 아니하리라고 성경은 말씀하였습니다. 간단하게 순서를 정리하자면, 우선 적 그리스도가 먼저 나타납니다. 그리고, 그로 말미암아 큰 환난이 일어납니다. 그 후에, 예수 그리스도께서 강림하십니다. 그 때에, 성도들도 큰 영광을 입게 될 것입니다.

신격화는 어떻게?

성자 예수 그리스도의 강림 때에 무슨 일이 벌어질까요? 사도 바울은

'**자는 자들**'(살전4:13)에 관하여 말합니다. '**자는 자**'들은 주님 안에서 자는 자들, 즉 예수 믿고 죽은 이들을 가리킵니다. 이렇게 말합니다:

"우리가 주의 말씀으로 너희에게 이것을 말하노니 주 강림하실 때까지 우리 살아 남아 있는 자도 자는 자보다 결단코 앞서지 못하리라"(살전4:15).

사도 바울은 '**주의 말씀으로**' 너희에게 이것을 말한다고 말합니다. 즉, 성자 예수의 직접적인 말씀의 인용입니다. 우리 살아 남아 있는 자도 자는 자(예수 믿고 죽은 자)보다 결단코 앞서지 못한다고 말합니다. 그 말의 뜻은 무엇일까요? 그 다음 절에서 이렇게 설명합니다:

"주께서 호령과 천사장의 소리와 하나님의 나팔로 친히 하늘로 부터 강림하시리니 그리스도 안에서 죽은 자들이 먼저 일어나고 그 후에 우리 살아남은 자도 저희와 함께 구름 속으로 끌어올려 공중에서 주를 영접하게 하시리니 그리하여 우리가 항상 주와 함께 있으리라"(살전4:16-17).

주께서 '**호령과 천사장의 소리와 하나님의 나팔로 친히 하늘로 부터**' 강림하십니다. 그러면, '**그리스도 안에서 죽은 자들이 먼저 일어나고 그 후에 살아남은 자도 저희와 함께 "구름 속으로 끌어올려**"[69] 공중에서 주를 영접하게 하실' 것입니다. 이 본문에서 '**죽은 자들이 먼저 일어난다**'는 말이 무슨 말일까요? 사도 바울의 다른 서신을 참고하면 해석이 가능합니다. 사도 바울은 고린도 교회에 보낸 편지에서 이와 같이 말합니다:

"보라 내가 너희에게 비밀을 말하노니 우리가 다 잠잘 것이 아니요 마지막 나팔에 순식간에 홀연히 다 변화하리니 나팔 소리가 나매 죽은 자들이 썩지 아니할 것으로 다시 살고 우리도 변화하리라"(고전15:51-52).

고린도전서 15:51-52절을 데살로니가전서 4:16-17절 본문과 같은 사건으로 본다면, 데살로니가전서 4:16-17절 본문의 '**죽은 자들이 먼저 일어난다**'

---

[69] '구름 속으로 끌어 올려', 이 본문으로 휴거설을 주장하는 학자들도 있습니다. 그들에 따르면 적 그리스도보다 일찍, 적 그리스도의 출현 전, 그리고 그로 말미암은 환란 전에 주님 재림하시고 성도들은 공중으로 들림을 받게 된다고 합니다.

는 말과 고린도전서 15:51-52절의 '**죽은 자들이 썩지 아니할 것으로 다시 산다**'는 말과 같다는 것을 알 수 있게 됩니다. 죽은 자들이 썩지 아니할 것으로 다시 사는 것은 곧 영광스러운 부활을 의미합니다.

두 본문의 내용을 같은 사건을 설명하는 것으로 보는 데는 두 가지 이유가 있습니다.

첫째, 고린도전서 15:51절의 본문 '**잠자는 것**'은 데살로니가전서 4:15절의 '**잠 자는 것**'과 같은 의미의 '**예수 안에서 죽는 것**'을 말합니다.

둘째, 고린도전서 15:51절의 본문 '**마지막 나팔**'은 데살로니가전서 4:16절의 '**호령과 천사장의 소리와 하나님의 나팔**'과 같은 나팔로 볼 수 있습니다. 다시 말하면, 주님 재림 때 불리워질 나팔 소리입니다. 그런 의미에서 마태복음 24:31절의 '**큰 나팔 소리**'나 요한계시록 10:7절의 '**일곱째천사가 소리내는 날 그 나팔을 (부는 것)**'도 모두 동일한 사건, 즉 성자 예수 그리스도의 강림을 나타내는 신호로 해석해야 될 것입니다.

옛 교부들이 주장했던 신격화는 성서를 근거로 한 것입니다. 성자 예수께서 이 땅에 강림하실 때 예수 믿고 먼저 죽은 성도들은 부활하게 될 것입니다. 그리고 그 때까지 죽음을 맛보지 아니한 살아 있는 성도들은 죽음을 맛보지 아니하고 그대로 부활의 몸을 입어 주님과 함께 하는 영광의 나라에 들어갈 것입니다.

사도 바울은 말했습니다: "나팔 소리가 나매 죽은 자들이 썩지 아니할 것으로 다시 살고 우리도 변화하리라"(고전15:51-52). 여기에서 '**우리**'는 주님 재림 때에 아직 살아 있는 성도들을 가리킬 것입니다.

일찍이 성자 예수께서 형제 나사로가 죽어 애통하는 마르다에게 이렇게 말씀하셨습니다:

"예수께서 가라사대 나는 부활이요 생명이니 나를 믿는 자는 죽어도 살겠고 무릇 살아서 나를 믿는 자는 영원히 죽지 아니하리니 이것을 네가 믿느냐"(요 11:25-26). '**무릇 살아서 나를 믿는 자는 영원히 죽지 아니하리니....**' 이 말씀이 그 때 이루어질 것입니다. 주의 재림 때에 살아서 예수 믿는 자 영원히 죽지 아니할 것입니다.

이것은 믿는 성도들에게 말할 수 없는 큰 소망입니다. 그러므로, 사도 바울은 이렇게 말합니다:

"그러므로 이 여러 말로 서로 위로하라"(살전4:18).

"그러므로 내 사랑하는 형제들아 견고하며 흔들리지 말며 항상 주의 일에 더욱 힘쓰는 자들이 되라 이는 너희 수고가 주 안에서 헛되지 않은 줄을 앎이니라"(고전15:58).

그럴 뿐만 아니라, 그 자신은 이렇게 결심합니다:

"내가 그리스도와 그부활의 권능과 그 고난에 참예함을 알려 하여 그의 죽으심을 본받아 어찌하든지 죽은 자 가운데서 부활에 이르려 하노니…"(빌3:10-11). 그는 **'어찌하든지 부활에 이르려'** 하였습니다.

어떤 이들은 부활을 부인합니다. 부활은 이미 지나갔다고 말합니다. 사도는 단호히 말합니다: "진리에 관하여는 저희가 그릇되었도다 부활이 이미 지나갔다 하므로 어떤 사람들의 믿음을 무너뜨리느니라"(딤후2:18).

주님께서 분명히 말씀하셨습니다: "저희는 다시 죽을 수도 없나니 이는 천사와 동등이요 부활의 자녀로서 하나님의 자녀임이니라"(눅20:36). 그 부활은 **'생명의 부활'**(요5:29)이 될 것입니다. 이것이 옛 교부들이 그렇게 주장하며 지켰던, 그리고 동방 정교회가 지금까지 지켜 온 교리, 신격화 교리의 진정한 뜻입니다. 우리에게 분명히 약속된 영광의 길입니다.

5. 한 촌에 한 아이가 있었습니다.

6.25 한국 전쟁이 끝나고 얼마되지 않았을 때, 강원도 한 촌에 한 아이가 있었습니다. 어느 해 겨울, 바로 이웃 집에 잔치가 벌어졌습니다. 동네 아낙들이 마당 이곳 저곳에 모여 여러 음식물을 준비하고 있었습니다. 남정들은 떡

을 치고 돼지를 잡았습니다. 울타리 밖에는 동네 아이들이 모여 음식 냄새를 맡으며 마당 안을 기웃거렸습니다. 어른들은 아이들로 얼씬 못하게 내쫓았습니다. 보기에 딱한 듯, 한 아낙이 부침개 하나를 들고 와 자기 아들에게 하나 건네주며 짐짓 고함을 칩니다: "**왜 기웃대고 그래? 귀찮게…. 모두 저리가…. 어서!!**" 아이들은 뒤로 물러납니다. 아낙이 들어간 후 다른 아낙이 다른 음식을 들고 와 자기 아들에게 건네 주며 또 고함치고 들어갑니다. 그러기를 몇 차례…. 모든 친구들이 모두 하나씩 자기 엄마들로부터 무엇인가 받아먹었습니다. 그런데…. 아무리 보아도 그 아이는 자기 엄마를 찾을 수가 없었습니다. 주린 배를 움켜쥐고 아무리 기다려도 엄마는 끝내 나타나지 않았습니다. 그 아이에겐 왁자지껄 떠드는 흥겨운 소리가 흥겹지 않았습니다. 추운 겨울이었습니다. 용기 내어 뛰어 들어가 먹을 것을 달라고 요청했으면 좋으련만…. 어른들이 무서워 그럴 용기도 나지 않았습니다. 기웃거리다 조용히 발걸음을 옮겼습니다. 그리고 그 집 뒤란으로 돌아가 아무도 보지 않는 울타리 뒤에서 있는 힘을 다해 고래 고래 소리를 질렀습니다: "**너희들만 쳐먹냐? 이 개○○들아!!**" "**너희들만 실컷 쳐먹어라. 이 못된 ○들아!!**" 실컷 소리친 그 날 저녁 늦게 멀리 일 보러 가셨던 어머니께서 돌아 오시고 저녁을 차려 먹기 시작했을 때, 이웃 잔치 집 아주머니가 웃으시며 한 그릇 잔치 음식을 담아 오셨습니다. 아이는 쥐 구멍을 찾았습니다. 그 아이가 커서 지금 이 글을 씁니다.

소결론

천국 잔치가 벌어졌습니다. '**기뻐함과 즐거워함과 감사함과 창화하는 소리**'(사51:3)가 넘쳤습니다. 울타리 밖에는 춥고 배고프고 절망과 사망과 고통이 가득합니다. 수많은 심령들이 불 밝은 울타리 안을 기웃거리며 '**부침개 하나**'를 들고 나와 줄 '**엄마**'를 애타게 찾으며 기다리고 있습니다. 아무리 기다려도, 아무리 찾아도 자기 이름을 불러 줄 '**엄마**'가 없어 실망합니다. 절망합니다. 욕이 나오고 저주가 튀어나옵니다. 탄식의 소리가 튀어나옵니다.

바로 그 때 '**엄마**'가 나타나 내게 다가옵니다. '**부침개 하나**'가 아닙니다. 부침개 하나 건네주고 "**저리가!**" 소리치는 분이 아닙니다. 내 손잡고 잔치 자리로 이끌고 들어갑니다. 영광의 자리로 들어갑니다. 따듯한 난로 가로 데려갑니다. 이것이 바로 신격화입니다. 우리를 이끄시고 앉히시는 장소가 바로 영광스러운 장소, 곧 '**신격화**'의 장소입니다. '**하나님처럼 되는 것**'입니다. '**하나님 자리에 앉는 것**'입니다. 내가 스스로 앉으면 불경이지만, 하나님께서 앉히시기에 불경이 아니라 감격이고 기쁨이고 감사와 찬송입니다.

그래서, 성부 하나님, 성자 예수님, 성령 하나님, 성 삼위 하나님께서 일체가 되셔서 베푸시는 잔치 자리에 우리를 초청하시고 이끄시는 것이 '**신격화**'입니다. 우리가 찾아가는 것이 아닙니다. 하나님께서 찾아오신 것입니다. 독재자들처럼, 우리 스스로 하나님처럼 되는 것이 아닙니다. 그것은 인간의 '**우상화**'입니다. 우리는 갈 수도 없고 그렇게 해서도 안 됩니다. 우리 스스로 간다면 그것은 '**신격화**'가 아니라 '**인간의 우상화**'요 저주입니다.

영광의 하나님께서 우리를 이끄시어 영광의 자리에 함께 앉게 해 주시는 것, 그것이 바로 교부들이 설파했던 '**신격화**'입니다. 우리의 영광의 길입니다. 우리가 찬미해야 하는 것은 우리를 '**신격화**'하시기 위해 '**성육신**'하사 이 땅에 몸을 입고 오신 우리의 영원한 구주를 찬미해야 할 것입니다. 영광의 길을 열어 주신 분은 성자 예수입니다. '**신격화**'는 '**성육신**'의 결과요 영광의 길이기 때문입니다. '**동일본질**'을 주장해 삼위일체 교리를 지켜낸 아타나시우스의 위대한 선언으로 결론을 맺습니다:

"**우리로 하여금 하나님이 되게 하기 위해 하나님이 인간이 되셨다.**"(Gott ist Mensch worden, dass wir Gott wurden).[70]

---

[70] Davis S. Schaff, *History of the Christian Church*, v. VI, p. 251.

제2부

삼위일체
교리와 형성

들어가는 말:

　　　　이 책은 1부, 2부로 나뉘는데 1부에서는 삼위일체 하나님께서 우리 인류를 위해 보여 주신 길들을 살폈습니다. 2부에서는 삼위일체 교리와 그 형성 과정을 취급할 것입니다.

2부는 두 장으로 구성됩니다: 첫 장에서는 삼위일체 교리가 무엇인지; 둘째 장에서는 삼위일체 교리가 형성된 과정이 어떤 것인지 살필 것입니다.

제4장
삼위일체란?

삼위일체는 성경에 있는가?

　삼위일체는 기독교의 핵심 교리입니다.[71] 이 교리를 시작으로 기독론과 기타 여러 중요한 기독교 교리들이 확정되었습니다.[72] 그래서, 이 삼위일체 교리는 기독교 역사상 가장 오래되었고 가장 중요한 기독교의 근본 진리요 핵심 교리라 말할 수 있겠습니다. 기독교 공교회는 이 교리로 교인들을 가르치고 양육함으로 교회를 이단으로부터 지켰고, 성경 진리를 수호할 수 있었습니다.

　지금도 동방교회와 서방교회를 포함한 온 세계 기독교 공교회는 이 교리를 고백하고 이 교리를 지키고 있습니다. 기독교인이라면 누구나 이 교리를 알아야 하고 지켜야 합니다. 뿐만 아니라, 겸손히 성령의 도우심을 간구하며 이 교리를 깊이 묵상할 때에 말할 수 없는 믿음과 확신을 갖게 됩니다. 이 장에서 삼위일체 교리가 어떤 것인지 살펴볼 것입니다.

　어떤 이들은 삼위일체 교리를 가리켜 원래는 성경에 없는 것인데 교

---

[71] 서철원 교수는 "이 교리를 받아들이면 기독교가 되고 거부하면 기독교가 되지 않는다"고 단언했고 (서철원, *교리사*, 총신대학교출판부, 2003, p. 3), 이종성 교수도, "삼위일체 교리를 믿지 않는 교인이나 교회는 참 신자라고 할 수 없(다)"고 단언합니다(이종성, *삼위일체론*, 장로회신학대학출판부, 2005, p. 18-19).

[72] 거론되기는 기독론이 먼저 거론되었습니다. 그러나 확정되기는 삼위일체론이 니케아(325)-콘스탄티노플(381) 공의회에 확정되어 제6차 콘스탄티노플 공의회(680-681)에 확정된 기독론보다 앞서서 확정되었습니다.

부들이 만들어 낸 비성서적이고 인위적인 것이라고 비아냥하고 비난합니다.[73] 물론, 오늘 날 우리가 사용하는 '**삼위일체**'(三位一體, 라틴어: Trinitas, 영어: Trinity)라는 용어는 성경에 나오지 않습니다. 이 용어는 고대의 교부 터툴리안(Tertullianus, 155-220)이 '**프락세아스에 반박함**'(Against Praxeas)이라는 책에서 최초로 사용한 것입니다. 그렇다고 해서, 삼위일체 교리가 그 내용에 있어서 성경에 없는 것은 아닙니다. 전통적인 교회의 교부들은 철저하게 성경에 근거하여 이 교리를 주장했고 교회는 그들의 주장을 전 세계적인 공교회의 고백으로 받아들여 4세기경에 니케아-콘스탄티노플 신경으로 선포하였습니다.

삼위일체는 성서의 전체적인 맥락을 통해 보증되며 기독교 복음을 잘 설명해 주고 기독교의 정체성을 변호해 주는 교리라는 의미에서 신학자 부룬너(Emil Brunner, 1889-1966)는 삼위일체론을 '**방어적 교리**'(defensive doctrine)라고 불렀습니다.

1. 삼위일체의 정의

삼위일체란, 성 삼위 하나님, 즉, 성부, 성자, 성령 하나님께서 구별된 위격(혹은 품격, 인격, 후포스타시스, ὑπόστασις, hypóstasis, Personhood of the Trinity)을 지니고 계시면서 동시에 본성(우시아, οὐσία, usia, Essence of the Trinity)으로 일체가 되시는 실체의 단일성을 지니고 계심을 말합니다.

성서가 가르치는 기독교의 삼위일체 하나님은 유일하신 참 하나님이십니다. 하나님은 한 분이시며, 한 분 하나님 안에 세 위격의 구별성을 지니고 계십니다. 그 구별성 속에서 자유롭게 교제하시며 상호 관계 속에 통일을 이루어 하나의 공동체를 이루십니다.

---

[73] 철학자 칸트(I. Kant,)는 삼위일체론을 아무 의미가 없는 사변으로 생각했습니다. 쉴라이어마허는 삼위일체론을 기독교 신앙의 본질과 상관 없는 이차적인 교리라고 말했습니다. Cf. 박만, 현대 삼위일체론 연구, 대한기독교서회, 2003, p. 16.

'3위'의 구별성/차별성과 '1체'의 단일성/통일성

삼위일체 교리는 성 삼위 하나님께서 구별적인 품격과 함께 하나되심의 단일성을 동시에 포함하는 것을 고백하는 교리입니다. 성 삼위 하나님의 하나되심의 단일성, 혹은 유일성을 강조하다 보면 삼위 하나님의 구별성, 혹은 차별성이 의문시되는 결과가 되고, 성부, 성자, 성령의 구별성, 혹은 차별성을 강조하다 보면 삼신론(三神論)으로 오해받을 위험성이 있습니다. 이 구별성과 단일성 중에 어느 하나라도 손상되는 것을 교회는 용납하지 않았고 교회는 그러한 손상을 가져오는 모든 가르침을 단호하게 이단으로 배척하였습니다. 삼위일체론의 근본적이고 핵심적인 난제는 성경에 계시된 성 삼위 하나님의 유일성과 차별성을 어떻게 일치시키고 조화시키느냐의 문제인 것입니다.[74]

삼위일체 하나님의 구별적인 품격은 다음과 같습니다: 성부 하나님은 천지와 만물을 창조하신 하나님이십니다. 성자 하나님께서는 인간의 몸을 입으시고 이 땅에 오셔서 인류를 구원하시기 위해 십자가 위에서 대속의 피를 흘리셨고 사흘만에 부활하시고 승천하사 아버지 하나님 우편에 앉아 계시며 세상 끝날에 이 땅에 재림하사 하나님의 백성들에게 하나님의 나라를 유업으로 주실 하나님이십니다. 성령 하나님께서는 오순절에 강림하셔서 이 땅에 교회를 세우시고 성도들에게 보혜사가 되셔서 영원한 나라가 이루어지기까지 성도들과 교회를 지키시고 돌보시는 하나님이십니다.

성 삼위 하나님께서는 각각의 위격이 분명히 구별되십니다. 동시에 성 삼위 하나님께서 하나이십니다. 성 삼위 하나님께서는 상호 통일을 이루시고 하나가 되십니다. 여기에 삼위일체의 신비가 들어 있습니다. 이 구별성과 통일성 중에 어느 하나도 손상되는 것을 교회는 결코 용납하지 않는다는 것을 이미 말씀 드렸습니다. 삼위일체의 구별성과 단일성을 어떻게 고백하느냐 하는 면에서 교회는 많은 진통을 겪었습니다.

---

[74] 김광식, 조직신학(I), 서울: 기독교서회, 1988, p. 160; 장대식, 자연과학적 방법을 통한 삼위일체론 재해석, 박사학위논문: Jubilee International Theological Collage, 1994, p. 8.

양태론과 삼신론의 오류

양태론(樣態論, Modalism, Sabellianism, 양태론적 단일신론의 준말)[75] 은 절대자 한 분 하나님께서 역사 속에서 세 가지 양태로 나타나 일하신다는 주장입니다. 다시 말하면, 한 하나님께서 세 가지 역할을 갖고 구원 역사 과정을 통하여 자신을 나타내신다고 하였습니다. 이 주장은 얼핏 보면 삼위일체 하나님의 품격의 구별성과 단일성을 충족시키는 것 같아 많은 기독교인들이 자신도 모르게 이 이론을 쉽게 받아들입니다.

그러나, 이 이론은 성 삼위 하나님의 구별성을 훼손합니다. 성경에 보면 성자 예수께서 성부 하나님께 기도하며 성부 하나님의 뜻에 따르고 복종합니다. 이 이론을 받아들인다면 이러한 성자 예수와 성부 하나님의 모든 역할은 **'원맨 쇼'**가 돼 버립니다. 이 이론은 사벨리우스(Sabellius, ?-260?)가 처음으로 주장해서 이 이론을 사벨리우스주의(Sabellianism)라고도 말합니다. 그는 한 인격을 가진 한 분 하나님께서 창조와 율법 수여 시에는 성부로, 성육신에서는 성자로, 중생과 성화에서는 성령으로 각각 나타난다고 주장하였습니다. 따라서 그리스도가 탄생하고, 고난을 받고, 죽으신 일은 곧 아버지인 하나님이 탄생하고, 고난 받고, 죽으신 일이 됩니다. 이 때문에 이 설을 성부수난설(聖父受難說:patripassianism)이라고도 부릅니다. 공교회는 이 이론을 이단으로 배척하였습니다.

삼신론(三神論, Tritheism)은 성부도 하나님, 성자도 하나님, 성령도 하나님이시기에 한 분 하나님이 계신 것이 아니라 세 분의 하나님들이 개별적인 존재로 분리되어 계신다고 믿는 이론입니다. 공교회는 이것도 받아들이지 않았습니다. 이것은 삼위일체의 통일성을 훼손하기 때문입니다. 성경은 일관되게 한 분 하나님이심을 강조합니다. 기독교의 하나님은 유일하신 참 하나님이십

---

75 양태론은 군주신론(Monarchianism)의 한 종류입니다. 군주신론은 성부 하나님 홀로 우주 만물을 통치하신다는 이론이며 군주신론에는 양자론적 군주신론(혹은 에비온파, Ebionites)과 양태적 군주신론이 있습니다. 이곳에서는 양태론만 다룹니다. 참조: 이종성, *삼위일체론*, p. 49-50.

니다.

2. 삼위일체 교리 이해의 걸림돌

삼위의 성부, 성자, 성령 하나님께서 일체가 되시는 이 교리를 이해할 때 가장 큰 걸림돌은 숫자의 개념으로 이해하려는 것입니다. 사실 한자로 번역된 '**일체**'(一體)란 말 속에 이미 육체적인 몸을 가리키는 '**몸 체**(體)'자가 들어 있습니다. 그러므로, 육체를 가지고 있고 물질 세계 속에 살며 숫자 개념에 지배를 받고 있는 우리 인간으로서는 어쩔 수 없이 육체를 벗어나 존재하시는 하나님의 존재를 이해할 때에도 모든 사물을 숫자로 이해하는 인간의 방식대로 이해하려고 합니다. 이것은 삼위일체 하나님을 이해하는데 가장 큰 걸림돌이 됩니다.

삼위일체의 교리는 삼위의 하나님께서 '**한 몸**'되심을 강조하는 것이 아니라, 성 삼위 하나님께서 '**하나되심**'을 강조하는 것입니다. 육체를 가진 우리 인간과 전적으로 다른 절대자 하나님이십니다. 그러므로, 이것을 이해시키기 위해 교부들은 삼위일체 교리를 설명하면서 숫자보다 관계를 강조하였고 따라서 코이노니아와 페리코레시스라는 개념을 빌려와 성 삼위 하나님께서 공동체적으로 하나가 되심을 설명하였습니다.

육체(肉體)을 가진 인간이 영(靈)이신 하나님을 이해하기 어렵습니다. 그래서 교부들은 삼위일체를 가리켜 신비라고 말했습니다. 이 신비를 이해하기 위해서 우리 인간은 영(靈)이신 하나님, 성령 하나님의 도우심을 받아야 합니다. 애완견이 아무리 주인의 심중을 잘 헤아린다 하여도 한계가 있듯이 우리 인간은 성 삼위 하나님의 일체 되심도 완벽하게 이해할 수 없습니다. 이것이 바로 성 삼위 일체 하나님을 이해하려 할 때에 우리 인간이 겸손히 기도해야 하는 이유입니다.

삼위일체 교리의 신비성

수 많은 교부들과 신학자들이[76] 삼위일체 교리는 인간이 이해할 수 없는 '**신비한 교리**'라고 말했습니다. 왜냐하면, 인간의 논리를 벗어나기 때문입니다. 20세기의 유명한 신학자 바르트도 "**하나님은 셋이면서 하나이고, 하나이면서 셋이다. 이것은 불가사이한 신비**"라고 말했고, 호지(Archibald A. Hodge, 1823-1886)도 "하나의 신적 본체를 세 가지 구별된 인격들로 이름 붙이는 존재 양식을 우리가 이해할 수 없다"고 말했습니다. 어거스틴은 "**만약 사람들이 그 삼위일체 하나님을 쉽게 이해할 수 있다면, 그것은 하나님이 아니다**"라고 말했습니다.[77]

숨겨진 것을 우리는 비밀(mystery)이라고 말합니다. 그러나, 그 비밀도 공개되면서 모든 이가 알게 됩니다. 복음은 공개 됐음에도 불구하고 아는 사람만 압니다. 모든 사람이 깨닫는 것이 아닙니다. 그래서 복음은 공개된 비밀이라 말하고(골1:26-27), 신비라 말합니다. 공개된 비밀이면서 깨닫는 사람만 깨닫습니다. 그래서 누구나 예수를 믿을 수 있지만, 그렇다고 아무나 예수를 믿는 것은 아닙니다.

삼위일체 교리를 신비한 교리라고 말할 때 두 가지 의미가 내포됩니다. 첫째, 인간의 논리로 이해하기 어렵다는 말입니다. 칼 바르트의 말대로 하나님은 "**셋이면서 하나이고, 하나이면서 셋**"이 되는 이 논리를 어떻게 설명할 수가 있겠습니까?

둘째, 삼위일체 교리를 깨닫게 될 때 말할 수 없는 확신과 믿음을 갖게 되고 하늘의 영광을 맛보게 된다는 말입니다.+ 그것은 믿음의 길이고 신앙의 길입니다. 사실 그것은 성령의 도우심이 없이는 불가능합니다. 삼위일체 교리를 연구하는 이들이 성령의 도우심을 겸손히 간구해야 하는 이유이기도 합니다.

---

76 예를 들면, 어거스틴, 루터, 멜랑히톤(Philipp Melanchthon, 1497-1560), 벌꼬프(Louis Berkhof, 1873-1957), 박형룡(朴亨龍, 1897-1978), 김광식(金光植) 등등 (장대식, *자연과학적 탐구방법을 통한 삼위일체론 재해석*, p. 6-7).

77 임홍빈, *op. cit.*, p. 86.

성령의 도우심을 받게 될 때 우리는 성 삼위 하나님께서 일체가 되신다는 '**일체**', 성부 하나님과 성자 예수께서 하나가 되신다는 '**하나**'가 숫자의 개념이 아니라고 하는 것을 알게 됩니다. 성부, 성자, 성령이라는 세 위격이 숫자적으로 '**하나**'의 본질이나 신성을 가진다고 생각한다면 어떻게 되겠습니까? 삼위일체론에 한 분 하나님과 세 인격체(person)라는 표현을 할 때 한 하나님의 '**하나**'와 세 인격체의 '**셋**'을 같은 평면에서 다루게 됩니다. 그것은 모순입니다. 즉 3과 1을 동일 평면에서 이해하면 셋이 하나가 되고 하나가 셋이 됩니다. 인간의 이성으로 볼 때 '3=1'이 될 수 없기에 삼위일체는 매우 비합리적이고 모순적인 교리가 되고 맙니다.

삼위일체 이해의 길

성부, 성자, 성령을 모두 신성(神性)이라고 인정한다면 결국 삼위일체론의 핵심은 '**하나**'를 어떻게 이해하는지가 관건이 됩니다. '**하나**'는 숫자가 아니고 세 위격이 함께 연합해서 가지는 공동체성을 의미합니다. 교부들은 이 문제를 논할 때 '**본질**'(Substantia, 어거스틴은 Essentia로 명명)이란 표현을 사용하였습니다. 성 삼위 하나님께서는 본질이 같으시다고 표현하였습니다. 성 삼위 하나님의 본질이 같다는 말, 즉 '**삼위일체**'란 말은, '**세 위격의 하나님이 서로 분리되지 않고 상호 내재해 있는 연합이며, 삼위의 의지와 구속 사업이 서로 상반되지 않고 통일을 이루는 공동체**'임을 뜻하는 것입니다.[78]

콘스탄티노플 공의회 때에 삼위일체론 정립을 위해 공헌했던 갑바도기아의 세 교부들이 삼위일체론을 정리하면서 인용한 페리코레시스(Perichoresis)란 표현이 이미 위에서 설명했듯이 이를 잘 설명해 줍니다. 페리코레시스는 상호 내재적, 순환적, 침투적이라는 의미로 상호통재(相互通在)라고 번역되며, 성 삼위 하나님께서는 페리코레시스를 통해서 하나가 되시는

---

[78] 김동건,[평신도를 위한 알기쉬운 신학강좌-3. 기독교의 하나님:삼위일체], 국민일보, 2013-03-28.

'**공동체적 하나님**'이 되십니다.

인간의 상식을 뛰어넘는 성자 예수의 논리를 엿볼 수 있는 장면이 있습니다. 성자 예수께서 사역하실 때 그의 모친과 형제들이 찾아왔습니다. 그들이 왜 찾아왔는지 자세한 사연은 기록되지 않았으나 몸으로 오신 성자 예수께서도 인간적인 그리운 감정이 없지 않았을 것입니다. 만나고 싶은 마음 접어 두시고 이렇게 말씀합니다:

"말하던 사람에게 대답하여 가라사대 누가 내 모친이며 내 동생들이냐 하시고 손을 내밀어 제자들을 가리켜 가라사대 나의 모친과 나의 동생들을 보라 누구든지 하늘에 계신 내 아버지의 뜻대로 하는 자가 내 형제요 자매요 모친이니라 하시더라"(마12:48-50).

인륜을 따지자면 제자들은 제자들이지 예수님의 형제와 자매와 모친이 될 수 없습니다. 그러나 주님은 인륜을 떠나서 '**누구든지 하늘에 계신 내 아버지의 뜻대로 하는 자**'를 '**내 형제요 자매요 모친**'이라 말씀하셨습니다.

뿐만 아니라 성자 예수의 숫자 개념은 육을 가진 인간의 생각과 논리를 뛰어 넘습니다. 남과 여, 두 사람이 결혼했을 때, 이 두 사람을 '**한 몸**'이라고 말씀하셨습니다:

"이러한즉 이제 둘이 아니요 한 몸이니 그러므로 하나님이 짝지어 주신 것을 사람이 나누지 못할찌니라 하시니…."(마19:6).

교부들이 숫자와 논리에 사로잡힌 사람들에게 삼위의 하나님께서 일체가 되심을 이해시키려 할 때 어려움이 많았습니다. 그래서 그들 입장에서 최대한 가장 쉬운 방법으로 코이노니아와 페리코레시스라는 용어를 채택하여 설명하였습니다. 코이노니아와 페리코레시스라는 두 용어는 삼위일체를 설명할 때에 없어서는 안 될 귀중한 용어들입니다. 그 내용을 살펴 보겠습니다.

코이노니아(친교)

코이노니아(Koinonia)는 그리스어 단어 κοινωνία에서 나온 말로 친교, 공동 참여, 교제, 공유, 합동, 기부, 교통의 뜻을 가지고 있습니다. 이 낱말은 신약성서에 나오는 단어로 기독교 초기 교회 공동체 안에서 모든 모임과 친교 등을 나타내 주는 용어로 자주 사용된 것을 보게 됩니다.

코이노니아를 흔히 친교로 번역하지만, 한국어로 쉽게 번역할 수 있는 단어가 아닙니다. 사전에 따르면, ① 함께 나누어 가지다. 참여[관여]시키다. 한 몫 끼게 하다. 나누어 주다. ② 참여[관여]하다. 끼어들다. 한 몫 차지하다. ③ 알려 주다. 전달하다. 상의[협의]하다. 교통하다. ④ 뒤섞다. 합치다. 등등의 여러가지 뜻이 있습니다만,[79] 일반적으로 **"함께 공동의 무엇에 참여하는 것"**을 뜻합니다.

성서에 기록된 코이노니아란 용어는 첫째, '**나누어 갖는다**'(share, have a share), 또는 '**나누어 준다**'(give, contribute a share)는 뜻으로도 사용되었습니다.[80] 로마서 15:27에, **"신령한 것을 나눠 갖는다"**란 말씀이 나옵니다. 여기에서 '**나누어 갖는다**'는 표현이 바로 코이노니아를 번역한 말입니다. 신령한 것, 좋은 것을 나눠 갖는 것, 그것이 코이노니아입니다. 성부, 성자, 성령께서는 항상 좋은 것을 나누셨습니다. 그래서 공동체적 일체를 이루셨습니다.

성경에 나오는 코이노니아의 두 번째 뜻은, '**함께 속한다**'(partake)는 뜻도 있습니다. 히브리서 3:14절에, **"자녀들은 혈육에 함께 속하였으매 그도 또한 한 모양으로 혈육에 함께 속하셨다"**고 하였습니다. '**코이노니아**'는 함께 속한 것, 같은 그룹에 속하는 것을 말합니다. 성부, 성자, 성령께서도 서로 속하셨습니다.

성경에 나오는 코이노니아의 세 번째 뜻은, '**참여한다**'(be partakers)는 뜻

---

[79] 카톨릭대학교 고전라틴어연구소, *라틴-한글 사전*, Dictionarium Latino-Creanum (카돌릭대학교 출판부, 2004), p. 167.

[80] "κοινωνία", *A Greek-English Lexicon*: William F. Arndt & F. Wilbur Gingrich, The University of Chicago Press, 1979.

입니다. 베드로전서 4:1, "오직 너희가 그리스도의 고난에 참여하는 것으로 즐거워하라. 이는 그의 영광을 나타내실 때에 너희로 즐거워하고 기뻐하게 하려 함이라" 말씀하였습니다. 여기서 참여한다는 말은 헬라어로 코이노니아를 사용합니다. 삼위일체란, 성부, 성자, 성령 3위의 하나님께서 코이노니아 속에 서로 참여하는 공동체적 일체를 이루셨음을 말합니다.

페리코레시스(상호통재, 相互通在)

닛사의 그레고리 등 교부들이 삼위일체를 설명할 때 요긴하게 쓰였던 용어가 페리코레시스입니다. 상호통재(相互通在, 헬라어: περιχορησις, 영어: Perichoresis), 혹은 상호내주(相互內住)는 삼위일체 교리에서 하나님을 설명하는 중요한 핵심 용어입니다. 삼위 하나님의 관계를 설명하는데, 성부 하나님 안에 성자 예수님과 성령 하나님께서 인격체로서 내주해 계시며 마찬가지로 성자 하나님과 성령 하나님께도 서로 내주하신다는 의미입니다. 성부, 성자, 성령 하나님 간에 상호 침투하며, 완전케하고, 내주하시며, 헌신함을 뜻합니다.

원래 이 용어는 헬라어로 '둘레'를 뜻하는 '**페리**'와 '**주위를 돌며 춤을 추다**'는 뜻의 '**코레시스**'가 합쳐진 말입니다. 우리 말로 윤무(輪舞)라 번역됩니다. 이것은 중동지역의 오래 된 전통적인 춤으로 중동 지역 남성들이 고깔 모자를 쓰고 어깨동무를 하며 크고 둥근 원을 유지하면서 빙글 빙글 돌며 추는 춤을 말합니다. 아마도 3-4세기 고대에는 이런 춤들이 유행했던 것 같습니다. 교부들은 그 춤을 보면서 성 삼위 하나님의 일체 되심을 관조(觀照)하였을 것입니다.

얼핏 보면, 갑바도기아 교부들이 이 용어를 사용할 때에 삼위일체론에서 삼위를 지나치게 강조함으로 세 분 하나님들, 즉 삼신론을 주장하는 것으로 오해되기도 했고 비판도 받았습니다. 그러나 교부들은 이 용어를 통해 세 분 하나님들, 즉, 삼신론을 주장했던 것이 아니라 삼위의 하나님의 상호통재, 상호내주, 상호침투를 통해 통일된 연합, 일체 되심을 강조하려 했던 것임을 알

수 있습니다. 위격은 셋이지만, 윤무와 같이 상호 내재하시고 상호 교통하시며 상호 침투하시는 과정처럼 페리코레시스적인 일체를 이루신다고 설명하였습니다.

닛사의 그레고리는 성부에게서 나온 성자는 성부와 비분리적으로 결합되어 있고, 성령도 동시에 가장 긴밀한 연합 안에 있다고 주장하여 이 결합으로 즉, 페리코레시스로 한 하나님이 되심을 주장하였습니다. 이에서 더 나아가 그는 본질적인 연합을 강조하는데, 아들은 아버지와 본질적인 연합 안에 있고 성령은 아들과 본질적인 연합 안에 있기 때문에, 그러므로 세 위격이 한 하나님이 되신다고 하였습니다. 대 바실은 성 삼위 하나님의 페리코레시스적인 일체를 '**위격들의 공동체**'(communio substantiae)라 불렀습니다.[81]

3. 어거스틴이 정리한 삼위일체

옛 교부들과 수 많은 학자들은 나름대로 삼위일체 교리를 설명하려 애썼습니다. 니케아-콘스탄티노플 공의회 이후에도 많은 이들의 연구와 논의가 있었지만, 그 중 역사적으로 가장 중요한 인물 어거스틴을 분수령으로 한 삼위일체 논의를 살펴 보겠습니다.

어거스틴은 고대의 기독교 사상을 종합하여 자신의 신학 체계를 형성한 사람으로서 그의 종합적 사상 체계는 고대를 정리하고 중세를 시작하는 중요한 출발점이 됩니다.

그가 저술한 '**삼위일체론**'은 그의 생애 최초의 저서일 뿐만 아니라 삼위일체를 설명하는 서방교회의 대표적인 저술이 됩니다. 그는 삼위일체론에 있어서 전통적인 니케아 신조를 따라 삼위의 위격의 개별성과 일체의 통일성을 그대로 이어 받아 '**하나의 본질, 세 위격**'(una substantia tres personae)을 주

---

[81] 이종성, *삼위일체론*, p. 251.

장하였습니다.[82]

갑바도기아 교부들[83]은 성삼위일체를 설명할 때에 삼위의 구별성을 먼저 살피고 후에 단일성 혹은 통일성을 증명하였지만, 어거스틴은 먼저 단일성 혹은 통일성을 설명하고 삼위의 구별성을 증명하였습니다. 비록 순서와 접근 방향은 서로 달랐으나 모두 같은 결론, 즉 성삼위의 일체되심을 증명하는 것이었습니다.

어거스틴은 세 위격의 동등성을 종합적으로 표현합니다: **"두 위격의 합이 한 위격보다 크지 않다. 성부와 성령을 합해도 성자보다 크지 않고, 성부와 성자를 합해도 성령보다 크지 않다. 세 위격 중에 한 위격이 세 위격보다 작지 않다"**[84]고 말합니다. 세 위격 중에 어떤 하나가 우위에 있다거나 절대적이라는 것을 거부한다고 말할 수 있겠습니다. 무엇을 말합니까? 세 위격의 하나님의 본질이 온전히 동일하시고, 그리고 완전히 하나가 되셨다는 말입니다.

4. 어거스틴 이후의 삼위일체

중세를 거치고 종교 개혁에 이르기까지 어거스틴의 영향력은 계속 되었습니다. 그래서, 토마스 아퀴나스(Thomas Aquinas, 1224-1274)의 **'삼위일체에 관한 논문'**(Treatise on the Trinity)이나 칼빈(J. Calvin, 1509-1564)의 **'기독교강요'**(Institutio Christianae Religionis)도 어거스틴의 이론을 이어 받았습니다.

현대에 들어와 바르트는 삼위일체론은 역사 속의 한 구체적인 인물인 예

---

82 그는 주로 서방교회에서 사용하는 라틴어를 사용하였고 동방교회에서 사용하는 헬라어에 익숙하지 못하여 본질을 가리키는 헬라어 '우시아(οὐσία)'와 '후포스타시스(ὑπόστασις)'가 구분되는 것도 잘 이해하지 못했다고 스스로 말합니다만 이것은 어디까지나 본인의 솔직한 심정이고 겸손의 표현입니다. 그의 이론과 주장은 철저히 성서적이고 전통적이었고 지금까지도 서방교회나 동방교회 모두에서 교과서적이고 표준적인 서적으로 인정받고 있습니다. St. Augustinus, *De Trinitate*, 임홍빈, p. 78.

83 지금의 투르카이 중부 갑바도기아 지역 출신의 세 교부들, 바실, 나지안쥬스의 그레고리, 니싸의 그레고리를 가리킵니다. 그들에 대한 자세한 진술은 뒤에 나옵니다.

84 *Ibid.*, p. 81.

수 그리스도를 통하여 나타난 하나님의 자기 계시에 대한 교회의 교리적 표현이라고 하였습니다. 따라서 이 교리는 예수 그리스도의 계시가 구체적이듯 철두철미 구체적인 교리일 수밖에 없습니다. 즉, 하나님의 구원사건의 정점인 예수 그리스도를 통해서 삼위일체 하나님이 온전히 계시되었다면 이 교리는 우리의 구원 사건과 긴밀히 연결되어 있으며 또 마땅히 그 빛에서 이해되어야 한다고 하였습니다.[85]

최근 여러 학자들이 삼위일체를 관계성의 관점에서 해석하며[86] 이것을 사회적 삼위일체론이라 부르기도 합니다.[87] 그들은 삼위일체를 통하여 자유롭고 평등한 사회 구축의 원리를 찾기도 하며, 생태계 보존을 위한 신학적 원리나, 가부장 사회에서의 여성의 권리 회복과 인간성 회복의 근거를 찾기도 하고, 혹은 종교 간의 관계에 대한 모형을 찾기도 합니다.[88]

1980년대 이래 포스트모더니즘(Postmodernism), 전일주의(holism), 생태주의(ecologism) 물결이 지배하면서 그리스도 중심적인 가치로부터 성령 중심적인 가치로 관심을 옮기기도 하였습니다.[89]

5. 내재적 삼위일체론와 경륜적(경세적) 삼위일체론

고전적인 삼위일체론은 주로 **'자기 자신 속에 계신 하나님'**(Gott in sich selbst), 즉 하나님의 내적 신비, 곧 **'성 삼위 하나님의 세 위격이 존재론적으로 어떻게 삼위일체를 형성하는가'**를 형이상학적으로 정립하는데 힘썼습니다.

---

85 박만, *op. cit.*, p. 19.
86 예를 들면, 몰트만(J. Moltmann), 보프(L. Boff), 밀리오리(D. Migliore), 라꾸냐(C. LaCugna), 존슨(E. Johnson), 파니카(R. Panikar) 등등. Cf. 박만, *현대 삼위일체론 연구* (서울: 대한기독교서회, 2003), p. 20-30).
87 임홍빈, *현대의 삼위일체* (생명의 씨앗, 2006), p. 60.
88 임홍빈, p. 24.
89 *Ibid*.

우리는 그것을 내재적 삼위일체론(immanent trinity)이라고 말합니다.

내재적 삼위일체론과 대비되는 삼위일체론으로 경륜적(경세적) 삼위일체론(economic trinity)이 있습니다. 경륜적 삼위일체론의 기원은 안디옥의 이그나티우스(Ignatius of Antioch, 35?-107?)나 이레니우스에게로 소급됩니다. 이들에게 삼위일체 하나님이란, 인류 구원을 위한 구조 안에 계시는 하나님, 즉, **'우리를 위한 하나님'**(Gott für uns)이십니다. 다시 말하면, **'세 위격의 하나님이 하나님의 구원 활동 속에서 어떻게 일체를 이루시는가'**에 관심 쓰는 삼위일체론을 말합니다.

20세기와 21세기에는 삼위일체론에 대한 관심이 새롭게 높아졌습니다. 칼 바르트, 블라디미르 로스키(Vladimir N. Lossky, 1903-1958), 위르겐 몰트만, 칼 라너(Karl Rahner, 1904-1984), 스탠리 그렌츠(Stanley J. Grenz, 1950~2005) 등의 신학자들이 삼위일체론을 현대적으로 해석하고 적용하려고 노력했습니다. 그들은 하나님의 인류 구원에 대한 역사를 실제적인 이론으로 인식하면서 인간의 관계 정립에 적용하였습니다. 그래서, 하나님과 인간, 인간과 인간, 남자와 여자, 고용자와 노동자, 인간과 피조물, 종교들 간의 관계 등 서로 연결된 모든 관계에 삼위일체론을 적용시키게 되었습니다.[90]

사도 바울은 인류 역사 가운데 나타나는 하나님의 구원 사역을 **'은혜의 경륜'**(την οικονομιαν[91] της χαριτος, 엡3:2)이라 하였습니다. 고대 동방의 교부들도 우리를 위한 하나님, 즉 구원 역사 속에서 나타나는 하나님의 사역을 경륜(oikonomia)이라 불렀습니다. 현대의 학자들은 경륜적 삼위일체론을 통해 성 삼위 하나님의 일체되심이 단지 하나님의 내적인 삶에 관한 이야기일 뿐만 아니라 바로 우리가 지향해야 하는 이상적인 삶과 사회의 모형이라고 주장하며 그 속에서 우리 인간이 지향해야 하는 이상적인 삶과 바람직한 사회 모델

---

[90] 임홍빈, *현대의 삼위일체*, p. 24f.
[91] 헬라어 οικονομιαν은 οικος(집, 우주)와 νομος(원리, 법칙)의 합성어로 '우주를 다스리는 원리'라는 뜻입니다. 이 말에서 영어의 economy(경세, 경제)란 말이 나왔습니다.

을 찾고자 하였습니다.

내재적 삼위일체론은 마치 뿌리와 같습니다. 그것을 '**본질의 삼위일체**'(Wesenstrinität)라 또는 '**감추어진 삼위일체**'(Trinitas abscondita)라 부르는 이유입니다. 교리적인 부분이라 딱딱하고 지루하지만 본질적인 문제를 다루기에 매우 중요합니다.

경륜적 삼위일체론은 마치 열매와 같습니다. 어거스틴의 표현을 빌리면, 경륜적 삼위일체는 내재적 삼위일체가 '**밖을 향하여 행하신 삼위일체의 사역**'(oprea trinitatis ad extra)을 의미합니다. 경륜적 삼위일체는 창조, 구속, 완성의 활동을 통해 계시된 삼위일체를 지칭하며 하나님의 구원행동을 표현하고, 우리에게 하나님의 은혜와 사랑을 전합니다. 신학자들은 경륜적 삼위일체를 '**계시의 삼위일체**'(trinitas revelata) 내지는 '**구원의 삼위일체**'(trinitas salutis)라 부릅니다.[92]

이 책의, 제1부는 경륜적 삼위일체를, 제2부는 내재적 삼위일체를 다루었습니다.

---

[92] 유해무, p. 236.

제5장
삼위일체 교리의 형성

이 장에서는 삼위일체 교리가 형성된 과정을 살펴보겠습니다. 삼위일체 교리가 본격적으로 논의되기는 325년 니케아 공의회가 열림으로 시작되었습니다. 그러므로, 니케아 공의회를 기점으로 그 이전과 이후로 나누어 삼위일체 교리의 발전 과정을 살펴보겠습니다.

1. 니케아 공의회(The First Council of Nicaea, 325) 이전의 삼위일체

삼위일체 교리는 325년 제1차 니케아 공의회와 381년 제1차 콘스탄티노플 공의회(The First Council of Constantinople, 381)를 거쳐 기독교 교회 안에서 공식적으로 채택되고 공표되었습니다. 삼위일체란 용어를 최초로 사용한 터툴리안 이전에는 비록, 삼위일체라는 용어가 사용되진 않았지만, 그 내용에 있어서 오래 전부터 삼위일체 논의와 연관된 언급이나 논의가 있었습니다. 공식적으로 삼위일체란 말을 언급했던 니케아-콘스탄티노플 공의회 이전에 내용적으로 삼위일체와 연관된 어떤 언급과 논의가 있었는지 그 과정을 짧게 요약해 보겠습니다.

예수 그리스도를 직접 목격하며 그의 부활과 성령 강림을 체험했던 초기의 기독교인들은 자연스럽게 자신들이 경험한 대로 천지와 만물을 창조하신 창조주 아버지 하나님과 그의 구원 사역을 위해 이 땅에 오셨던 구속주 예수 그리스도 성자 하나님, 그리고 교회를 세우시고 교회를 통해 하나님의 구원 사역을 이루시는 성령 하나님을 '**성부, 성자, 성령**' 일렬의 형태로 성서의 하나님 상을 수용하였으며, 그리스도께서 제자들에게 "너희는 가서 모든 족속으로 제자를 삼아 아버지와 아들과 성령의 이름으로 세례를 주라"(마28:19)고 명하신 말씀을 자연스럽게 받아들이고 실행하였습니다.

　　최초의 논의는 저스틴(Justin Martyr, 100- 65)이나 타티안(Tatian the Syrian, 120?-180?) 같은 사상가들에게서 볼 수 있는데 저스틴은 성부 하나님과 성자 예수님이 본질이 같다고 했습니다. 그는 교회 역사에서 삼위일체 논의에서 대표적으로 자주 인용되는 그 유명한 태양과 빛의 유비를 최초로 사용한 분입니다. 햇빛을 그 원천이 되는 태양과 분리시킬 수 없듯이 성자 예수님을 성부 하나님과 분리하여 생각할 수가 없다는 것입니다.[93]

동방의 알렉산드리아 교리문답 학교와 삼위일체

　　이집트 북부 지중해 연안의 고대 항구 도시 알렉산드리아는 그 유명한 헬라의 영웅 알렉산더 대왕이 기원전 4세기 자신의 이집트 정복을 기념하여 자신의 이름을 따서 세웠던 도시입니다. 알렉산드리아는 지중해를 중심으로 번성했던 로마 제국 안에서도 가장 번성했던 도시들 중 하나였으며 고대 세계의 7대 불가사의 중의 하나인 등대가 있었고 당시 세계에서 가장 큰 도서관도 있었습니다.

　　알렉산드리아를 기독교 역사와 신학, 특별히 삼위일체론 형성에 있어서 빼 놓을 수 없는 이유가 있습니다. 그것은 알렉산드리아에 세계 최초로 세워진 신학 학문 기관인 교리문답 학교(Catechetical School, 오늘 날의 신학대학에 해당)가 세워졌고, 이 학교는 판타이누스(Pantaenus, ?~200?)가 교장이 된 후 더욱

93　Justin Martyr, Dial. 61.2: 128. 3 이하: 김석환, p. 38.

유명해져 당시 우수한 인재들이 몰려 들었고 많은 걸출한 학자들이 배출되었으며 삼위일체 논쟁과 교리 형성에도 지대한 영향을 끼쳤기 때문입니다.

그 중에는 판타이누스의 제자 클레멘트(Clement of Alexandria, 150-215)가 있는데, 그에게서 우리는 삼위일체 교리의 초기 형태를 봅니다:

"성부 하나님께서는 단일체로서 단지 하나(One)이지도 않고, 부분들을 지닌 다수(Many)도 아니며, 전부로서의 하나(One as All)이시다. 따라서 그는 전부(All)이시다. 그는 그를 중심으로 원을 그리며 통일되는 모든 권능들의 원(circle)이시다. 하나님께서는 하나이시고, 하나를 뛰어 넘으시며, 단자(the Monad) 자체를 초월하신다."[94]

클레멘트의 제자 오리겐(185-253)은 성부 하나님과 성자 예수님의 관계를 설명하려 애썼습니다. 아담과 하와가 한 몸(flesh)을 이루듯(창2:24, "그 둘이 한 몸을 이룰지로다"), 성도와 그리스도가 한 영(spirit)을 이루듯(고전6:17, "주와 합하는 자는 한 영이니라"), 성부 하나님과 성자 예수님은 '한 몸'이나 '한 영'이 아니라, 그 보다 더 높은 차원의 '한 하나님'이시라고 설명하였습니다.[95]

동서를 잇는 이레니우스와 삼위일체

이레니우스(Irenaeus, 130-202)는 동방의 서머나(현재의 투르카이 이즈미르)에서 태어나 그곳에서 사도 요한의 제자 폴리캅의 순교를 목격하며 자란 후 서방의 갈리아 지방(현재의 프랑스 리용)에서 사역한 교부입니다. 그래서 그는 시대적으로는 사도 요한과 속사도(續使徒, Apostolic Fathers)[96] 폴리캅의 뒤를 이었고, 또한 지역적으로는 동방에서 자라 서방에서 활약하여 동방과 서방을 이어준 당대의 교회 지도자였습니다.

그는 일생동안 당시 유행하던 영지주의 이단으로부터 교회를 지키기 위

---

[94] Clement, *Paed*. I. 8. Ibid., p. 40.
[95] Origen, *Dial*. with Hiera. 1-4, ibid.
[96] 1-2세기에 살았던 사도들의 뒤를 이어 사도들의 전통을 물려 받은 교회의 지도자들을 일컫는 표현.

해 철저하게 신구약 성경에 의존하였고 성경에 나타난 하나님의 구속 역사를 진지하게 설명한 교회 지도자였습니다. 구약의 하나님과 신약의 하나님을 구분하려는 시도에 대하여 철저하게 구약과 신약의 하나님이 같은 하나님이시라는 것을 논증하였습니다.

그는 기독교를 헬라 철학으로 해석해 보려는 어떤 변증가들의 방법에도 반대하였으며 헬라 철학의 도움을 받아 기독교 교리를 설명하려 하지 않았습니다. 이 전통은 그의 후계자 터툴리안에게 그대로 전수되어 서방의 라틴 신학의 전통이 되게 하였습니다. 그에게는 성경만이 유일한 사도적 전승이고 교회를 지키는 신앙의 근원이었습니다. 삼위일체의 형식이 이미 그에게 나타나는 것을 봅니다:

"우리는 모든 것의 근원이신 전능하신 한 하나님을 믿는다. 우리의 주 예수 그리스도를 믿는다. 하나님의 아들이신 그는 사람이 되셨다. 성령에 대해서도 굳게 믿는다. 성령은 우리에게 진리에 대한 지식을 주신다. 아버지와 아들의 섭리를 수행한다. 그는 모든 시대에 사람과 함께 하신다. 그것이 아버지의 뜻이다."[97]

라틴 신학의 터툴리안과 삼위일체

터툴리안(Tertullianus, 155-240)은 기독교 변증가로서 고대 기독교의 역사를 연구한 후 결론적으로 **"순교자들의 피는 교회의 씨앗"**이 되었다고 설파했고, **"박해는 그리스도인의 무죄를 변증한다"**고 말했습니다. 그는 교회사 최초로 라틴어를 사용했는데 삼위일체(Trinity)를 비롯한 라틴어 신학 용어 982개를 만들었습니다. 그에게서 후에 니케아 공의회와 콘스탄티노플 공의회에서 채택될 신경의 초기 형식을 보게 됩니다:

"신앙의 규범은 다음과 같다. 하나님은 한 분만 계신다. 세계를 창조하

---

[97] 이종성, *삼위일체론*, p. 37.

신 분은 이 하나님 밖에 없다. 그는 무에서 우주를 만드셨다. 그는 말씀을 세상에 보내셨는데 그를 아들이라고 부른다. 예언자들로부터 여러 번 언급되었다가 마지막에 성령과 하나님 아버지에 의하여 처녀 마리아를 통하여 육신을 입었다. 예수 그리스도로 사셨다. 그는 새 율법을 가르치셨으며 하늘 나라를 약속해 주었다. 그는 십자가 위에서 못 박힘을 받아 죽었으나 삼 일만에 부활하셨다가 승천하여 아버지의 우편에 앉아 계신다. 그의 권능으로 성령을 보내시어 신자들을 인도한다. 그는 재림하여 성도들을 영원한 영광의 나라로 인도할 것이다. 또한 악한 자를 심판하실 것이다."[98]

2. 니케아 공의회(325년)와 삼위일체 교리 논쟁

삼위일체 교리는 325년 니케아 공의회와 381년 콘스탄티노플 공의회를 통해 형성되었습니다.

니케아 공의회(Concilium Nicaenum Primum)는 325년 니케아(Nicaea, 현재 튀르키예의 이즈니크)에서 열린 사도행전의 예루살렘 공의회 이후 최초의 기독교 공의회였습니다. 이 공의회에서 부활절 절기와 삼위일체 교리 등이 논의되었으며, 니케아 신경을 채택하였고 아리우스 파를 이단으로 정죄하였습니다.

콘스탄티누스 황제의 로마 제국은 정치적으로는 통일을 이루었지만 교회의 고백과 신학이 갈라져 있어 제국의 통일과 화합에 도움이 되지 못했습니다. 당시 교회 안에는 뚜렷한 교리적 대립이 있어서 서로 충돌하였고, 그 대립을 교회가 스스로 수습하기에 곤란할 지경에 이르렀습니다. 황제는 이 대립을 속히 끝내고 교회의 단결, 더 나아가 제국의 단결을 유도하기 위해 비티니아의 니케아에서 주교들을 소집, 로마 세계 최초의 공의회를 열게 되었습니다.

313년 콘스탄티누스 황제의 밀라노 칙령으로 기독교가 로마 제국에서

---

[98] Ibid., p. 38.

공인되기까지 기독교는 오랫동안 환란과 핍박을 견디어야 했습니다. 많은 이들이 순교 당했고 고문으로 신체 불구자들이 되었습니다. 니케아 공의회는 로마 제국 각 처에서 참석 요청을 받은 주교들 약 천 명 중에 318명 정도가 모였습니다. 공의회에 소집된 주교들은 기독교 공인 이전의 디오클레티아누스 황제(Gaius Aurelius Valerius Diocletianus, 244-311)의 극심했던 박해 때문에 한쪽 눈을 잃은 주교도 있었고, 양쪽 손에 힘이 안 들어가는 주교도 있었고, 다리를 질질 끄는 주교도 있었습니다. 그 몸에 '**거룩한 흔적**'을 지니고 있는, 그리고, 순교의 문턱까지 갔다 온 그들의 행렬을 바라보는 성도들은 모두 숙연하였습니다.

유사본질(類似本質, homoiousian)과 동일본질(同一本質, Homoousion)

공의회는 콘스탄티누스 황제의 개막연설로 시작었습니다. 자유로운 토론의 장이 열리자 곧이어 격렬한 논쟁이 벌어졌습니다. 회의 내용은 주로 아리우스 논쟁, 즉 아버지인 하나님과 아들인 예수 그리스도와의 관계가 어떠하냐는 것이었습니다. 여러 논쟁들 중에 가장 주요한 주제는 유사본질과 동일본질의 충돌이었습니다. 알렉산드리아 교구의 장로 아리우스는 유사본질을, 알렉산드리아 교구의 대주교 알렉산드리아는 동일 본질을 주장하였습니다. 유사본질은 성부 하나님과 성자 예수님의 본질이 비슷하다는 주장이었고 동일본질은 성부 하나님과 성자 예수님의 본질이 같다는 주장이었습니다. 두 주장의 차이는 성부와 성자의 본질이 같으냐 비슷하냐의 차이입니다. 헬라어 단어 표기로 보면 이오타(i) 하나가 들어가느냐 빠지느냐의 차이입니다. 유사본질(ὁμοιούσιος)은 형용사 '**비슷한**'(ὅμοιος)과 명사 '**본질**'(οὐσία)의 합성어이고, 동일본질(ὁμοούσιος)은 형용사 '**같은**'(ὁμός)과 명사 '**본질**'(οὐσία)의 합성어입니다. 이 두 주장의 차이가 왜 그렇게 중요하냐의 분석은 다시 논할 것입니다.

니케아 공의회에서 알렉산더 총 주교의 동일본질 주장은 정통파의 주장이었고 아리우스의 유사본질 주장은 새로운 주장이었습니다. 이에 비해 중

도적 입장을 취하는 가이사랴의 유세비우스(Eusebius of Caesarea/ Eusebius Pamphili, 263-339)와 오리겐주의자들도 있었지만, 회의의 결과는 동일본질을 주장하는 정통파가 승리하여 알렉산더 대주교의 주장을 따르는 동일본질이 니케아 신조로 공식 채택이 되었고 유사본질을 주장했던 아리우스는 이단으로 정죄되었습니다. 이 회의는 아리우스파에 속했던 니코메디아의 유세비우스(Eusebius of Nicomedia,?-342)도 출교 당하는 것으로 결론이 났습니다.

발단은 사소한 질문 하나

삼위일체 논쟁은 작은 성경공부 모임에서 시작되었습니다. 앞서 언급했듯이 알렉산드리아는 당시 로마 제국 내에서 그리스 문명을 대표하는 철학과 논리학과 변증학이 발달한 학문의 중심지였습니다. 그만큼 알렉산드리아의 교리문답 학교는 알렉산드리아의 학문적 명성을 대변하고 있었습니다. 그곳에는 로마 제국 각지에서 몰려온 인재들이 교리를 탐구하고 있었습니다. 그 중에 알렉산드리아 교구의 장로였던 아리우스는 그 교구의 대주교였던 알렉산더가 이끄는 한 강연에서 "만일 아버지께서 아들을 낳으셨다면, 낳아진 자는 존재(existence)의 시작을 가졌을 것이다." "성부께서 성자 예수를 낳으셨다면 성자 예수께서는 존재하지 않았던 때가 있었지 않았겠느냐?"라고 질문하였습니다. 이 질문은 당시 로마의 황제였던 콘스탄티누스가 보기에도 **"참으로 사소한 것이며 격렬한 쟁점으로서는 너무도 부족하다"** 고 느낄 정도였습니다. 그는 후에, **"이런 질문을 제기한 것도 잘못이었고, 제기된 질문에 응답한 것도 잘못이었소."** 라고 아리우스 장로와 알렉산더 대주교를 싸잡아 일갈했던 것입니다.[99] 콘스탄티누스 황제의 말대로 참으로 사소한 질문 하나가 기독교 역사에서 가장 격렬하고 가장 심오한 논쟁인 삼위일체 논쟁의 불씨가 되었습니다.

---

[99] 콘스탄티누스의 생애- II, 64~72, 아리우스와 알렉산더에게 보낸 편지 중에서, 비잔티움 연대기에서 간접 인용.

삼위일체 논쟁이 '**사소한 질문 하나**'에서 시작되었다는 콘스탄티누스 황제의 표현이 아니라도 일반인들 시각에는 니케아 공의회의 논쟁이 헬라어 철자 하나 이오타(i) 때문이었다는 것은 실로 우스꽝스럽기까지 하여 종종 기독교 비판자들의 희화화(戲畫化)의 대상이 되기도 하였습니다. 비견한 예는 또 있습니다. 동서 교회가 분열된 원인이 바로 단어 하나에 있었습니다. 589년 스페인의 작은 도시 톨레도에서 열렸던 제3차 톨레도 공의회 때에 서방교회는 니케아 신조를 라틴어로 번역하면서 '**필리오케**'(Filióque, 그리고 아들)라는 단어를 하나 삽입하였습니다. 그 때문에, 동방교회는 반발하였고 신학적인 견해 차이로, 단순하게 말하자면, 단어 하나의 차이로 동서 교회는 결국 분열되고 말았습니다.

사소한 논쟁의 엄청난 배경

교회사 가운데 있었던 이러한 논쟁들의 시작이 '**사소해**' 보이지만, 그 뿌리에는 깊은 신앙 고백이 담겨 있었음을 알아야 합니다. 5세기 중엽에 활동했던 교회 역사가 소크라테스(Socrates of Constantinople, c. 380–439)는 아리우스의 논쟁이 시작된 그 당시의 상황을 다음과 같이 진술합니다: "**어느 날** (대주교) 알렉산더가 그의 사제들 앞에서 성 삼위일체에 관하여 강연하고 있었다. 그 때 그는 하나님 내의 위격들의 단일성을 형이상학적으로 특별하게 강조하였던 것으로 보인다. 그 때에 장로들 중 한 사람인 아리우스는 변증론에 익숙하며 또 변론을 좋아하는 사람으로 감독이 사벨리우스 교리를 말하는 것으로 생각하여 정반대의 교리를 내 세우며 공박하였다."[100]

평이해 보이는 질문 하나가 어떻게 이렇게 로마 제국을 뒤흔드는 커다란 논쟁으로 비화됐을까? 여기에는 세 가지 배경과 원인이 있었습니다.

첫째, 아리우스의 질문 이전에 사벨리우스 이단이 번성하여 교회를 크게

---

[100] Socrates, H.E. I, 5(*NPNF*, 2nd series, 2: 3).

어지럽히고 있었으며 아리우스 자신도 이 이단을 반박하기 위하여 애쓰고 있었습니다. 아리우스는 알렉산더 대주교가 사벨리우스 이단의 교리를 가르치는 것으로 오해하여 지나치게 반응하였습니다.

사벨리우스는 양태론을 주장하였습니다. 한 분 하나님께서 모양만 성부, 성자, 성령의 다른 형식들(forms)로 나타났다는 것입니다. 이렇게 되면 그리스도의 인격과 성령의 인격은 사라지고 단일한 신격만 남게 됩니다. 같은 하나님이 창조 시에는 성부 하나님으로, 구속에는 성자 하나님으로, 성화 때는 성령 하나님으로 활동한다고 보았습니다. 아리우스는 알렉산더 대주교의 주장을 사벨리우스의 양태론으로 오해하였던 것입니다.

둘째, 로마 제국의 지중해 권에서 도시 알렉산드리아는 헬라 철학과 변증학으로 유명했으며 당시 기독교 변증가들의 토론이 활발했던 곳입니다. 예수 그리스도의 성육신에 대하여 헬라 철학에 영향을 받은 로고스 기독론도 유행하고 있었습니다. 이러한 신학적 토론으로 알렉산드리아를 중심으로 한 동방 교회는 몸살을 앓고 있었는데 그 연속성으로 어떻게 성부, 성자, 성령, 삼위의 품격을 지니신 하나님께서 하나가 되시느냐? 라는 주제는 당연히 논리적으로 설명하기 힘든 주제이자 변증가들의 주요한 논쟁의 호재거리가 되었습니다. 헬라 철학과 문학에 영향을 받은 알렉산드리아의 분위기도 이 논쟁의 밑 바탕이 되었습니다.

셋째, 아리우스 개인의 뛰어난 능력이 한 몫을 하였습니다. 그는 리비아에서 태어나 안디옥의 루키아노스에게 사사 받았고, 알렉산드리아 리코폴리스의 주교 멜레티오스에게 보제품을 받았지만, 이단의 가르침 때문에 알렉산드리아 대주교 페트로스에게 파문을 당했습니다. 페트로스 대주교가 죽자, 그의 후임자인 아킬라스 대주교에게 요청하여 아리우스는 다시 복권 되고 사제품까지 받았습니다. 이듬해 알렉산드리아 바우칼리스 교구의 장로가 된 데서 그의 정치적 수완을 엿볼 수 있습니다.

뿐만 아니라 아리우스는 뛰어난 인품으로 많은 사람들의 호의를 받았습니다. 그는 '**다정한 태도와 엄격한 금욕주의, 순수한 정신, 확고한 신념**'으로 그를 대하는 사람들에게 큰 호응을 받을 수 있었습니다. 그의 주요 반대자 중의 하나였던 키프로스의 주교 에피파니우스(Epiphanius, 315-403)조차 아리우스는 "키가 크고 군살이 없는 몸매에 준수한 용모와 공손한 말투를 썼고, 여자들은 그의 정중한 예의와 금욕적인 외모에 감동했고 남자들은 그의 지적 탁월함에 감명을 받았다"고 하였습니다.[101]

제국으로 번진 논쟁

이 최초의 논쟁은 312년경 있었던 사건입니다. 이 논쟁은 헬라 철학의 영향력이 큰 알렉산드리아와 인근 지역으로 급속히 번져 나가 아리우스를 동조하고 추종하는 세력이 생겨났습니다. 결국 알렉산더 대주교는 321년에 100여 명의 주교들을 모아 놓고 알렉산드리아 종교회의를 열어 아리우스 장로와 그 추종자들을 모두 파문하는 조치를 취하였습니다. 아리우스를 동조하는 세력도 만만치 않았습니다. 가이사랴의 주교 유세비우스와 니코메디아의 주교 유세비우스가 아리우스를 지지하고 나섰습니다.

로마 제국의 정치적인 통일을 이룬 황제 콘스탄티누스는 종교적으로 교회도 통일되기를 원했습니다. 결국 논쟁으로 갈라진 교회를 통일할 목적으로 황제 자신은 비록 교리에 무지했고 관심도 없었지만 위에서 언급했듯이 325년 6월 19일에 니케아에 있는 황제 별궁에서 사도행전에 나오는 예루살렘 공의회 이후 최초의 공의회를 소집해서 직접 개막 연설을 하였고 이어서 회의도 주관하였습니다.

당시 가이사랴의 주교 유세비우스는 황제가 공의회 개막식에 입장하는 모습을 '**하늘에서 하나님의 천사가 내려오는 것 같았다**'[102] 고 하였습니다. 그는 아리우스파 주교 5명을 제외한 대략 313명의 주교들이 찬성하여 서명한

---

101 Warren H. Carroll, *A History of Christendom*, II, Christendom Press, 1987, p.10
102 https://namu.wiki/, 인터넷 나무위키, *제1차 니케아 공의회*.

교회의 공적인 신경을 이끌어 냈으며 이 공의회를 통해 강력한 정치적 리더쉽을 발휘하였고 교회 전체를 통합했다는 명예를 얻게 되었습니다.

3. 콘스탄티노플 공의회(381년)

325년에 이루어진 제1차 니케아 공의회는 니케아 신조를 채택하고 아리우스의 가르침을 정죄하였고 아리우스를 파문하였습니다. 그러나 아리우스와 그를 따르는 자들은 이에 승복하지 않았고 그 세력은 날로 거세졌고 그 영향력은 더욱 넓혀졌습니다. 제국 내의 교회는 통일된 것이 아니라 다시 분열되었습니다. 교회는 안디옥(341년), 세르디카와 빌립보폴리스(343년), 마크로스틱(345년), 시르미움(351년), 알레스(353년), 밀라노(355년), 시르미움(357년) 등지에서 여러 차례의 회의를 소집하여 결론을 내리고 논쟁을 벌였습니다. 그리하여 최소한 열두 가지의 다른, 그리고 경우에 따라서 반대되는 신조들이 만들어졌지만, 혼란에 빠진 교회에는 극렬한 갈등만 남았습니다. 각 지역에서 벌인 논쟁으로는 제국 전체 공교회의 동의를 얻기 힘들었습니다. 그래서 결국 공교회의 공의회를 열어 결론을 내야할 필요성을 절실히 느끼게 되었습니다. 당시의 로마 황제 테오도시우스 1세(Flavius Theodosius, 347-395)는 다시 공의회를 열어 이를 해결하고자 하였습니다.

테오도시우스 1세 로마 제국 황제는 381년 당시 로마 제국의 수도 콘스탄티노플(지금의 이스탄불)에서 제1차 콘스탄티노플 공의회를 열었습니다. 약 150여명의 동방 지역 주교들이 참석한 가운데 최종적으로 기존의 니케아 신조에 성령(聖靈)에 대한 내용을 부가하는 등의 확대가 이루어진 니케아-콘스탄티노폴리스 신조를 채택하고 아리우스파와 네스토리안주의 등 이단들을 배척하는 것으로 끝을 내었습니다.

니케아 공의회가 열린 325년부터 콘스탄티노플 공의회가 열린 381년까지 56년간 교회는 역사에 드문 말할 수 없는 혼란과 논란을 거쳤습니다. 수 없이 반복되는 회의와 이단 정죄와 다툼, 그리고 여러 신조들의 발표로 교회뿐만 아니라 로마 제국 사회가 어지러웠습니다. 이 기간 동안 니케아 회에서 아리우스 이단을 주도적으로 몰아 세웠던 알렉산드리아의 대주교 알렉산더는 니케아 공의회가 끝나자 갑자기 죽었고 그의 후계자가 된 아타나시우스는 선임자 알렉산더 대주교의 동일본질 주장을 이어받아 아리우스 이단을 대적해야만 했습니다.

아리우스와 아타나시우스의 대결

이 당시 대중적인 인기와 왕실의 후원을 힘입고 유사본질을 주장하였던 아리우스 이단은 강력한 압력과 공격으로 동일본질을 주장하는 니케아 정통파 아타나시우스를 압박하였습니다. 이단자 아리우스는 여러 방면에서 특출한 사람이었습니다. 그의 인품과 지식도 뛰어났고 정치적 수완조차 뛰어났습니다. 그의 수완이 뛰어날수록 그의 이단적인 교훈을 물리쳐 교회의 정통 교리를 지켜야 했던 아타나시우스의 어려움은 더욱 클 수밖에 없었습니다.[103]

아리우스의 주장은 기독론에 그 뿌리를 두었으며 그의 기독론은 헬라 철학의 로고스(Logos) 사상에 바탕을 두고 있었습니다. 그는 변증론에 익숙했으며 알렉산더 대주교의 주장을 반박하여, **"만일 성부가 성자를 낳았다면, 난 자는 존재의 시작을 가졌을 것이다. 그러므로 아들은 없었을 때가 있었을 것이다. 따라서 그의 존재는 비존재로부터 나왔을 것이라고 결론 내리게 된다"**[104]고 주장하였습니다.

니케아 공의회에서 이단으로 정죄된 아리우스는 포기하지 않았습니다. 대중적인 인기를 구가했던 그는 콘스탄틴 황제를 설득하여 아타나시우스를 압박하기 시작하였습니다. 그는 황제의 비위에 걸맞도록 화해가 담긴 신앙고

---

103 Carroll, *op. cit.*
104 Socrates, *Ecclesiastical History*, I. 5; 한철하, 고대기독교사상, 대한기독교서회, 2001, p. 166에 인용.

백서를 제출했습니다. 335년 9월 17일, 그는 황제가 참석하고 두 동료, 두 유세비우스들(동명 이인: 카이사랴 출신 유세비우스와 니코메디아 출신 유세비우스)이 주도한 예루살렘 회의에서 결국 아타나시우스를 대주교 직에서 축출하고 추방시키는데 성공하였습니다.

교리를 지켜낸 아타나시우스

알렉산드리아에서는 아리우스 추종자들에 의한 난동이 시작되었습니다. 아타나시우스의 가르침을 따르는 이들은 투옥되고 사막으로 추방되었습니다. 그 중 헤레클레아 감독 포타모는 디오클레시안 황제 때 박해로 한쪽 눈을 잃었었는데 이번에는 정말 순교 당하고 말았습니다.

니케아 공의회의 정통파 아타나시우스는 약세를 면치 못했고 수많은 아리우스 이단들과 대적하면서 홀로 싸워야 했습니다. 이 기간 교회의 정통파 동일본질의 신앙은 황제들의 후원과 대중들의 인기를 배경으로한 아리우스 이단의 공격 앞에 위태로운 시간들을 보냈습니다.

아타나시우스는 그의 임기 동안 다섯 차례나 대주교직에서 추방당하는 수모와 핍박을 견디어야 했습니다. 그럼에도 불구하고 그는 교회와 교리를 지키기 위해 끝까지 노력하였고 마침내 373년 5월 2일 78세의 고령으로 죽기까지 동일본질의 삼위일체 교리를 지키며 알렉산드리아의 대주교로 지냈습니다. 381년 콘스탄티노플 공의회에서 그가 그렇게 소원했던 동일본질의 삼위일체 교리가 공교회의 신경으로 채택되는 것을 보지 못한 채 죽었습니다.

그는 기독교 역사에서 두 가지 위대한 업적을 남겼습니다. 첫째, 위에서 이미 언급한 대로 그는 삼위일체 교리를 수호하였고, 둘째, 신약 성경을 27권으로 정경화 하였습니다.

아타나시우스는 오늘날까지도 거의 모든 기독교에서 신약성서로 쓰이는 27권 신약성서 체제의 목록을 처음으로 만들었습니다. 이것은 그가 모든 박해와 망명에서 벗어나서 알렉산드리아 교구의 주교직에 복귀한 직후인 367년 부활절에 그의 교구 교우들에게 보낸 편지에서 처음으로 발표되었는데 그 때까지는 신약성서로 정해진 성서가 없었고 수많은 복음서와 바울을 비롯한 사도들의 편지가 교우들에게 성서로서의 역할을 하고 있었습니다. 다음은 아타나시우스가 367년 부활절에 쓴 역사적인 서신의 일부입니다.

"…많은 사람들이 외경적이라고 규정 지을 수 있는 책들을 가지고 와서 근사하게 장난질을 쳐서 하나님의 영감을 받는 성서와 혼동시키고 있기 때문에, 나는 여러분들에게 하나님의 것으로 고백되고 우리들에게 전승되어 온 정경(the canon) 속에 들어갈 수 있는 책들의 목록을 제시하는 것이 매우 중요하다고 생각하게 되었습니다."[105]

아리우스의 최후

336년, 어느 일요일 콘스탄티노플의 하기아 아이린교회 주일예배는 특별 행사로 성대히 준비되고 있었습니다. 바로 파면되었던 아리우스의 복직을 널리 알리는 예식이 예정되어 있었기 때문입니다. 아리우스의 동료 유세비우스가 아리우스를 위해 아주 성대히 준비해 놓았습니다. 복직을 앞에 둔 아리우스는 몹시 흥분하였고 의기양양하였습니다. 그러나, 복직을 앞 둔, 바로 그 전 날, 토요일에 길을 걷다가 갑자기 복통 설사를 하면서 사경을 헤매다 80세의 나이로 세상을 떠났습니다.[106]

아리우스의 사망이 그의 반대자들에 의한 독살이었다는 설도 있지만, 이와는 대조적으로, 아리우스의 몇몇 동시대인들은 그의 사망이 그가 주장한 이단적 견해의 결과이며, 기적적이라고 주장하였습니다. 5세기의 역사가 소크라테스는 다음과 같이 설명하며 후자의 견해에 동조하였습니다.

"아리우스는 많은 사람의 이목을 끌며 도시 한 복판을 의기양양하게 행진하고 있었다. 돌기둥이 서있는 콘스탄티누스 광장을 지날 때 쯤 그는 심

---
[105] 김용옥, 기독교 성서의 이해, 통나무, 2007, p. 378-379.
[106] 유형기, 세계 기독교회사, 대한기독교출판사, 2006, p. 105.

한 양심의 가책과 공포에 휩싸였다. 지나친 공포로 내장이 뒤틀린 그는 주변에 쉴 만한 곳을 찾았다. 광장 바로 뒤쪽으로 급히 자리를 옮겼지만 곧바로 설사를 하면서 실신하였다. 심한 출혈과 함께 창자가 쏟아졌다. 흥건한 피가 오장육부를 적셨다. 그는 그 자리에서 즉사했다. 이 비극의 현장은 지금도 콘스탄티노플에서 볼 수 있다. 지나가는 사람들은 손가락으로 그 회랑을 가리킨다. 이런 종류의 이상한 죽음은 오래 기억되기 마련이다."[107]

갑바도기아의 세 교부들

아타나시우스는 죽었으나, 다행스럽게 그의 뒤를 갑바도기아의 세 교부들이[108] 그의 동일본질 교리를 이어받았습니다. 그들은 콘스탄티노플 공의회가 니케아 신경을 내용으로 한 콘스탄티노플 신경를 채택하는데, 그리고, 아리우스의 주장을 이단으로 배척하는데 큰 역할과 공헌을 하였습니다. 그래서 학자들은 니케아와 콘스탄티노플의 두 공의회를 하나로 묶어 '**니케아-콘스탄티노플 공의회**'라고 이름을 붙여서 부릅니다. 갑바도기아 세 교부들은 다음과 같습니다:

대 바실

가이사랴[109]의 대주교 대 바실(Basilius Magnus, 330-379)[110]은 순교자의 후손으로 믿음의 집안에서 태어났고, 그의 형제들 중에는 갑바도기아의 세 교

---

107 (소크라테스, 스콜라스티코스, Ibid.에서 재인용, Socrates."*The Death of Arius*".*The Ecclesiastical Histories of Socrates Scholasticus*. Retrieved, 2012;"Arius", 인터넷 사전, en.wikipedia.

108 그들이 동일본질의 니케아 신조인 삼위일체 교리를 논할 때에 사용한 두 용어, 코이노니아와 페리코레시스는 후에 다시 논할 것입니다.

109 로마의 황제(카이사르)의 이름을 딴 가이사랴라는 동명의 도시는 8개가 있는데 그 중 지금의 튀르키에 카파도기아 지방에 있는 카이세리(Kayseri)를 가리킵니다.

110 바실은 살아 있을 때 이미 위대한 인물들 이름 앞에 붙이는 '대'(Magnum) 칭호를 받았고 '천상 신비의 계시자'(Ουρανοφαντωρ)라는 별칭도 받았습니다.

부들 중 한 분인 닛사의 그레고리(Gregory of Nyssa, 335-395)도 있었습니다. 그는 개인적인 고행이 유행하던 당시에 그것 보다는 형제 사랑을 실천할 수 있는 수도원 운동이 훨씬 낫다고 적극 권하였습니다. 그래서, 그를 최초의 수도원 운동가라고 부릅니다. 뿐만 아니라 구제 등 형제 사랑을 몸소 실천했고 동방 정교회나 로마 천주교회에서 동방의 3대 주교로 추앙받게 되었습니다.

그는 특별히 신앙의 전통을 중시하여 니케아 신조와 아타나시우스의 동일본질 신앙을 철저하게 지켰으며 삼위일체론 확립에 지대한 공헌을 하였습니다. 그 당시만 하여도 삼위일체 논쟁에서 중요한 개념들이 확립되지 않아 논쟁에 혼선을 가져왔습니다. 특별히 위격이란 말과 본질이란 말의 헬라어 후포스타시스와 웃시아의 개념이 정리되지 않았습니다. 바실이 이 개념들을 잘 정리하였습니다. 그리하여, 삼위일체를 간략하게 정의하여 '**세 위격**(ὑπόστασις) **내의 한 실체**(οὐσία)'로 확정짓게 되었습니다. 그는 유일하신 하나님이란 표현은 하나님을 아들과 성령으로부터 구분하기 위해서가 아니라, 이방의 거짓 신(神)들과 구분하기 위해서라고 하였습니다. 그러므로, '**유일한**'은 하나님의 거룩하고 비창조된 본질과 실체를 지시한다고 하였습니다.

바실은 니케아 공의회 때에 미처 다루지 못했던 성령론도 보충하여 콘스탄티노플 공의회의 신조 속에 성령론도 함께 포함되도록 하였습니다. 성부와 성자가 동일본질이듯이 성령도 성부와 성자와 동일본질이라고 주장하였습니다. 아리우스 파는 성령은 하나님이 아니시고 피조물이며 천사라고 주장하였지만, 아타나시우스의 정통 교리를 잇는 바실은 성부와 성자와 성령의 본질이 동일하심으로 성령도 삼위일체의 한 위격이며 하나님이시라고 주장하였습니다.[111]

---

[111] 서철원, *op. cit.*, p. 342-343.

나지안조스의 그레고리

나지안조스[112]의 그레고리(Gregory of Nazianzus, 329-390)는 갑바도기아 지방의 나지안조스의 주교이자 콘스탄티노폴 대주교(379-381)로서, 갑바도기아 교부의 대표적 인물이며 삼위일체론을 확립하는데 커다란 공헌을 하였습니다.

그의 주장의 핵심은 '**아버지**', '**아들**', 그리고 '**성령**'을 관계 개념으로 이해하는데 있습니다. 그에 따르면, 삼위일체의 세 위격 사이에 있는 유일한 구별점은 각자의 기원을 언급하는 데만 있다는 것입니다. 이러한 구별은 본질이나 혹은 본성과는 전혀 무관하며 각 위격의 출처를 밝히는데에만 관계됩니다. 위격은 셋이고 본질, 즉 신격에 있어서는 하나입니다. 그것은 나누임 없이 나누어지기 때문이라고 하였습니다.[113]

이와 같이 나지안조스의 그레고리는 먼저 '**수적 단일성**'의 오류를 지적하고 난 다음에 유비의 한계에 대해서도 말했습니다. 그는 삼위일체를 유비로 설명하기 보다 관계로 설명해야 한다고 하였습니다. "**우리에겐 한 분 하나님, 그로부터**(of whom) **만물이 기원한 바 아버지가 계신다. 그리고 한 분 주, 그에 의해**(by whom) **만물이 존재케 된 예수 그리스도가 계신다. 그리고 한 분, 그 안에**(in whom) **만물이 존재하는 성령이 계신다. 여기에서 어디로부터**(of), **의해서**(by), **안에서**(in) **등의 단어는 본성의 상이함을 말하는 것이 아니라 하나로 계신 본성의 개체적 위격들을 특징적으로 말하는 것이다. 즉 아버지의 특성은 '나시지 않으신 자', 아들은 '나신 자', 성령은 '발출'**(ενέργειαι)**이시다.**"[114] 아리우스 파가 성령을 피조물로 보는 것에 대하여 성령은 하나님이시고 피조물일 수 없다는 것을 밝히고 강조하였습니다.

---

112 나지안조스는 튀르키예의 예전 갑바도기아도시 이름으로서 튀르키예의 지명은 네니지(Nenizi)입니다.
113 장대식, *op. cit.*, p. 26-27.
114 *Ibid*.

닛사의 그레고리

가이사랴의 대주교 대 바실의 동생 닛사의 그레고리는 379년 형 바실이 죽은 후 후계자가 되어 아리안주의(Arianism)에 대항하는 정통 신앙의 수호자로 부각되었습니다. 그는 381년 콘스탄티노플 공의회에서 삼위일체 교리가 정통으로 확립되는데 중요한 역할을 감당하여 '**닛사의 별**'로 혹은 '**교부 중의 교부**'로 칭송을 받았습니다. 그는 교리 교사들을 위하여 '**대교리서**'를 썼고, 형님 바실의 수도원 운동에 신학적으로 뒷받침되는 '**모세의 생애**'라는 책을 저술하였습니다.

닛사의 그레고리는 그의 책 '**유노미우스 논박**'(Contra Eunomium)에서 아리안주의를 따르는 유노미우스(Eunomius, 325?~394)의 '**태어난 적이 없는 성부**'의 본질과 '**태어난 성자의 본질**'은 같을 수 없다는 주장을 논박하면서, 성자와 성령은 성부와 동일본질이라고 주장하였습니다. 성부, 성자, 성령은 본질에 있어서 동일하고 특성에 있어서 차이가 있어서 구분된다고 하였습니다. 세 위격이 일체가 되는 것은 아버지와 아들간에 단일 실체이고, 세 위격이 다 한 본성이며 위격들의 차이만 있기 때문이라고 하였습니다.

종합적으로 말해서, 첫째, 갑바도기아의 세 교부들은 위격과 실체의 용어를 확실히 구분하는 과업을 이루었습니다. 둘째, 성령께서도 분명히 하나님이시며 성령께서도 성부, 성자와 함께 동일실체적(consubstantial)이시라는 사실을 확증하였습니다. 셋째, 그들의 공통적인 신학적 전제인 '**세 위격 내의 한 실체**'라는 원리는 바실이 가장 먼저 기초를 놓았고 다른 두 교부들, 즉 닛사의 그레고리와 나시안주스의 그레고리는 이 원리에 충실하여 보다 더 견고하게 하였으며, 다음 단계로서 페리코레시스라는 용어를 통해 '**공동실체성**', 즉 '**공동본성**'과 '**상호역동성**'을 강조하였습니다. 그래서, 각 위격들이 다른 위격들을 상호관통하고 서로 포용하며 언제든지 함께 있으며 함께 활동한다는 것입니다. 그들로 말미암아 콘스탄티노플 공의회는 전체적으로 니케아 신경을 그대로 이어서 콘스탄티노플 신경을 발표할 수 있었던 것입니다.

4. 니케아-콘스탄티노플 공의회 이후의 삼위일체론

니케아-콘스탄티노플 공의회로 말미암아 삼위일체 논쟁은 일단락되었습니다. 그러나 남은 문제들이 있었습니다. 다름이 아니고 제 2위격인 성자 예수에 대한 고백은 일단락되었으나 아직 제 3위격인 성령 하나님에 대한 고백이 매듭되지 않았습니다. 더구나 성자 예수에 대한 고백과 맞물려 성모 마리아에 대한 고백도 아직 정리되지 않았습니다. 그러므로, 니케아-콘스탄티노플 공의회 이후에도 교회는 계속 공의회를 열어야 할 필요성을 느끼게 되었습니다.

여러 공의회들

에베소 공의회(Council of Ephesus, 431)는 테오도시우스 2세 황제가 431년 에베소에서 종교회의를 소집하여 200명의 주교가 참석한 가운데 마리아론을 확립한 종교회의입니다. 알렉산드리아에서는 예수가 신성을 지닌 채 태어났기 때문에 마리아는 하나님을 낳은 '**하나님의 어머니**'(데오-토코스, θεο-τόκος)라고 불렀고 안디옥에서는 마리아를 사람을 낳으신 '**사람의 어머니**'(안드로포-토코스, ανδροπο-τόκος)라 불렀습니다. 날카롭게 대립된 두 견해를 중재시키기 위해 콘스탄티노플 대주교였던 네스토리우스는 두 견해의 타협점을 찾아 마리아는 '**그리스도의 어머니**'(크리스토-토코스, Χριστο-τοκος)라고 부를 것을 제안하였습니다. 그러나, 에베소 공의회는 알렉산드리아 대주교 시릴의 견해를 받아들여 마리아를 '**하나님 어머니**'(데오-토코스)라고 고백하고 '**그리스도 어머니**'(크리스토-토코스)로 고백한 네스토리우스를 이단으로 정죄하고 추방하였습니다.

에베소 공의회의 이러한 결정의 배경에는 마리아 숭배보다는 기독론 고백이 주요 관점이었습니다. 네스토리우스가 주장한 테오토코스는 양자론(養子論)과 흡사한 것으로 평가되었고, 알렉산드리아 대주교 시릴은 예수는 신성과 인성이 독립되어 있지 않고 하나로 합쳐진 휘포스타시스이고, 따라서 마리아는 하나님을 낳은 하나님 어머니라고 주장하였습니다.

칼케돈 공의회(Council of Chalcedon, 451)는 451년 소아시아의 비티니아의 도시 칼케돈(현재의 튀르키예 이스탄불 주)에서 열렸던 기독교 공의회입니다. 당시 공의회에서는 그리스도의 신성과 인성은 분리되지 않는다는 내용의 칼케돈 신조를 통해, 예수 그리스도는 '**완전한 하나님, 완전한 인간**'(vere deus, vere homo)이라고 고백하였고 마리아를 '**하나님 어머니**'로 고백하는 내용을 명문화 하였습니다.

칼케돈 공의회 이후로도 많은 공의회가 열렸으며, 삼위일체에 관한 모든 논의는 어거스틴에 이르러 집대성되었습니다.

어거스틴이 집대성한 삼위일체론

어거스틴은 약 300여 년에 걸쳐 거듭한 삼위일체 논쟁을 체계화하여 20여 년 동안 심혈을 기울여서 방대한 삼위일체론(De Trinitate)을 저술하였습니다. 이 책은 향후 1500여 년 동안 동서 교회를 막론하고 세계 기독교가 표준으로 삼게 된 '**교과서적인 무게**'를 지닌 걸작이 되었습니다.[115]

어거스틴은 이 책에서 성서를 기초로 하여 정통적인 기독론과 성령론을 종합하여 삼위일체론을 완성였습니다. 그는, "**성부는 하나님이시요, 성자도 하나님이시요, 성령도 하나님이시라는 것은 본질에 대한 말임을 의심하지 않는다. 하나님께서는 한 본질과 헬라어로 세 휘포스타시스**(υποστασις), **라틴어로 세 페르소나**(personae)**가 있다**"고 진술하였습니다.[116] 그는 동방교회의 고백 '**세 위격에 한 본질**'(μια υσια τρεις υποστασεως)과 서방교회의 고백 '**세 위격에 한 본질**'(una substantia tres personae)이 각기 헬라어와 라틴어라는 언어와 표현만 다를 뿐, 내용과 고백이 다르지 않다고 하는 것을 확인해 주었습

---

115 이종성, *삼위일체론*(서울: 대한기독교출판사, 1991), p. 264.
116 어거스틴, *삼위일체론*, V.8; 장대식, op. cit., p. 46 재인용.

니다. 그로 말미암아 동서교회의 모든 고백들이 대 통합을 이루어 삼위일체 교리가 기독교의 정통 교리로 확고히 자리잡게 되었습니다.

성령론 '필리오께' 논쟁

어거스틴 이후로 중세 교회는 성령론으로 말미암아 진통을 겪었습니다. 바로, 성령의 기원이 문제가 되었습니다. 동방교회의 고백을 정리한 니케아 신조에서는 성령은 성부 하나님께로부터 나온다고 하였는데 서방교회는 니케아 신조를 라틴어로 번역하면서 성령께서는 성부 하나님과 '**그리고 성자 예수님**'(필리오께, Filióque)으로부터 나온다고 하였습니다. 성부 하나님 뿐만 아니라 성자 예수님으로부터 나온다는 것은 서방교회의 신앙 고백이었습니다. 이 논쟁으로 말미암아 동방교회와 서방교회는 끝없이 논쟁을 벌였고 두 논쟁은 타협점을 찾지 못한 채 결국 1054년 동서 교회는 완전히 분열되고 말았습니다.

16세기 종교개혁은 타락한 로마 천주교회에 교리적으로 반기를 들어 옛 어거스틴의 은총론을 다시 부각시키면서 인간의 구원은 우리의 선행으로 이루어지는 것이 아니라 오직 주님의 십자가의 은혜로 말미암아 이루어진다는 복음 진리를 회복시켰습니다. 그러면서도 삼위일체론에서는 루터나 칼빈 모두 어거스틴의 전통을 이어받은 동방교회나 서방교회의 입장을 그대로 고수하였습니다.

5. 계몽주의, 자유주의와 삼위일체

칸트(Immanuel Kant, 1724-1804)나, 슐라이어마허(Friedrich Schleiermacher, 1768-1834), 하르낙(Adolf von Harnack, 1851-1930) 등의 18세기의 계몽주의 사상가들과 19세기 자유주의 신학자들은 삼위일체론에 대하여 등한하거나 비판적이었습니다. 인간의 이성과 합리성을 추구하면서 성경의 기적과 예언, 또는 계시를 비판하고 경시하였습니다. 그들은 삼위일체 신앙도 미신적인 것, 또는 신화적인 산물로 여겼습니다. 그래서 삼위일체에 관하여 한 동안 '**무관심과 퇴조의 시기**'[117]를 맞게 되었고 신학적 '**일식**'(日蝕, eclipse)[118] 현상을 겪게 되었습니다.

20세기 들어와 세계 제1차 대전과 세계 제2차 대전, 양 대전을 겪은 유럽은 신학에도 큰 영향을 미쳤습니다. 인간 자신에 의해 저질러진 참혹한 두 대전의 결과는 인간의 이성과 본성이 얼마나 믿을 수 없고 사악한 존재인지를 깨우쳐 주었습니다. 인간의 본성을 신뢰하고 존엄성을 존중했던 계몽주의 철학은 쇠퇴하였고, 인간 이성과 합리성을 절대화했던 자유주의도 퇴조하게 되었습니다.

6. 바르트와 현대 신학자들

바르트의 등장으로 그 동안 등한시됐던 삼위일체론은 다시 불붙기 시작하였습니다. 그는 자유주의가 삼위일체론을 무시했던 것을 비판하면서 삼위일체론을 중요시 여겨 자신의 '**교회교의학**' 서두에서 가장 먼저 다루었습니다. 그는 자유주의 신학이 하나님의 절대성을 외면하고 인간 이성으로 파악할 수 있는 대상으로 여긴 점을 맹점으로 지적하면서 자신의 신학의 모토를 '**하나님을 하나님 되게, 사람은 사람되게**'(Gott sei Gott, Mensch sei Mensch)하는 것이라고 하였습니다. 하나님은 인간의 이성으로 파악할 수 있는 존재가 아니라 전적으로 초월자, '**전적인 타자**'(全的 他者, das ganz Anders)로 계신다고 주장하였습니다. 그는 우리 인간과는 전혀 다른 분이며 우리 인간은 그를 파악할 수 없다고 말합니다. 우리가 그를 알 수 있는 길은 오직 하나님 자신이 우리에게 나타나 주시는 것인데, 그것을 계시라 하였습니다. 그 분이 바로 성자 예수님이시라고 하였고, 예수 그리스도는 하나님 자신으로 우리에게 계시된 분

---
117 임홍빈, *op. cit.*, p. 40.
118 백충현, *내재적 삼위일체와 경륜적 삼위일체*, (서울: 새물결플러스, 2015), p. 27.

이라고 하였습니다. 인간으로 오신 예수 그리스도가 하나님이라는 것, 바르트는 그것으로부터 삼위일체론을 정립하였습니다.

바르트를 이어 라너, 몰트만, 판넨베르크(W. Pannenberg, 1928-), 보프(L. Boff, 1938-) 등등 많은 학자들이 연달아 쏟아져 나와 삼위일체 연구에 르네상스 시대를 맞게 되었습니다.

최근 학자들의 삼위일체 연구는 주로 세 위격의 관계성에 관심을 둡니다. 하나님의 세 위격이 동등하고 평등하며, 사귐을 관계를 가지고 하나의 공동체를 형성한다는 것을 강조합니다. 따라서 자연스럽게 헬라어 코이노니아와 페리코레시스라는 용어가 각광을 받으며 학자들 사이에 많이 인용되고 있습니다.

이 두 단어는 이미 살펴 본 대로 삼위일체를 설명하면서 오래 전 교부시대부터 사용돼 온 용어들입니다. 페리코레시스라는 용어는 로마의 디오니시우스(Dionysius of Rome)가 설명하였고,[119] 본격적으로 사용한 것은 닛사의 그레고리였습니다. 그 밖에 암브로시우스(Ambrosius, 340?-397)도 페리코레시스를 활용했던 교부였으며,[120] 닛사의 그레고리 이후에 다마스커스의 요한(John of Damuscus, 675-749)이 이 용어를 재차 인용하였습니다.[121] 닛사의 그레고리는 이 용어로 성 삼위일체께서 어떻게 하나의 공동체를 이루시는지를 설명하였고 최근 몰트만 뿐만 아니라 많은 학자들도 페리코레시스와 코이노니아를 인용하여 삼위일체를 설명하고 있습니다.

소결론

지금도 개신교와 로마 천주교회 등 서방교회는 2세기 중엽에 나타난 사도신경을, 동방교회는 신앙규범(Regula fidei)을 각각 고백합니다. 이들은 사도

---

[119] Bethune-Baker, *The Meaning of Momoousios in the Constantinopolitan Creed* (Cambridge University Press, 1901, p. 58; 김석환, 교부들의 삼위일체, 기독교문서선교회, 1980, p. 249에서 재인용.

[120] Ambrosius, *de Spiritu Sancto III*. 12, 92; 서철원, p. 386에서 인용.

[121] 임홍빈, *op. cit.*, p. 73f.

들이 직접 작성한 것은 아니지만 사도들의 가르침을 요약한 것이며, 이들은 니케아-콘스탄티노플 신조를 바탕으로 하였고 삼위일체 교리를 근본으로 하였습니다. 삼위일체 교리 속에, 그리고 이 사도신경 속에, 이 고백과 믿음을 확립하기까지 많은 믿음의 선조들이 평생 수모를 겪기도 하고 추방도 당하며 지켜낸 고귀한 신앙 유산임을 잊으면 안 될 것입니다.

제6장
결론

1. 타종교의 하나님

세상의 모든 종교들을 분류할 때에 크게 세 가지로 분류합니다: 한 하나님을 믿는 일신론(一神論, Monotheism), 여러 신들을 믿는 다신론(Polytheism), 세상 만물을 모두 신으로 섬기는 범신론(Pantheism)이 있습니다.

그런데 많은 종교에서 신들도 계급이 있고 위계 질서가 있는 것을 우리는 흔히 봅니다. 그리이스 신화에도 보면 제우스가 최고의 신이고 그 밑에 수많은 신들이 있습니다. 바벨론 종교에서는 마르둑 신이 최고의 신입니다. 명령하는 신이 있고, 명령에 따르는 신들이 있습니다. 높은 신들이 있고 낮은 신들이 있습니다. 그리고 그 낮은 신들 바로 밑에 신들의 세계에서 왔다고 생각되는 인간 세계의 최고 통치자, 왕이나 황제, 또는 추장이 등장합니다. 그런 경우 인간 세계의 최고 통치자를 신으로 여기는 경우를 우리는 흔히 봅니다.

중국의 요, 순, 우, 탕, 네 황제를 신의 아들들이라 불렀고, 우리 나라 건국 시조 단군도 하늘의 최고 신인 환인의 아들 환웅이 세상에 내려왔고, 그 환웅의 아들이 바로 단군이 됩니다. 다시 말하면 단군 할아버지는 신의 아들입니다. 여러 나라의 건국 신화에 보면 흔하게 통치자들을 신으로 여기거나 신의 아들, 또는 신의 대변자로 여겼습니다. 지금도 일본 사람들은 자기들의 황제를 신으로 여깁니다.

그래서 그러한 통치자의 명령은 곧 신의 명령이 되는 것이고 그런 명령은 절대 명령이 됩니다. 왕이나 황제 밑에 각 가정에는 또 가정의 통치자가 있습니다. 대개 그 가정의 가장인 남편이 통치자로서 왕이나 황제의 통치권을 대리합니다. 남편들이 절대적인 권세를 휘두르게 됩니다.

이 다신론이나 범신론의 신들은 계급 제도를 가지고 있고 이에 상응하여 인간 세계에서도 계급 제도를 갖게 됩니다. 신들의 세계에 형성된 지배체제는 곧 인간의 세계에 그대로 적용되어 또 다시 지배 체제를 이루게 됩니다. 이것이 역사입니다. 그 계급의 순서를 보면, 최고 신에서 상층 계급의 신들로, 다시 하층 계급의 신들로, 다시 왕이나 황제로, 다시 높은 사람들로, 다시 낮은 사람들로, 다시 각 가정의 가장들로, 다시 부인들과 자녀들로, 다시 하인들과 노예들로, 다시 동물과 대 자연으로 이어집니다.

2. 기독교의 삼위일체 하나님

그러나 기독교의 하나님은 전혀 다릅니다. 일신론도 아닙니다. 다신론도 아닙니다. 범신론도 아닙니다. 우리 기독교의 하나님은 삼위일체 되신 하나님이십니다. 성부, 성자, 성령 하나님은 지배체제 대신 사랑의 사귐 속에 계시는 것을 살펴보았습니다. 성부, 성자, 성령은 모든 것을 함께 나누며, 모든 것을 함께 경험하며, 모든 것을 함께 하셨습니다. 성 삼위 하나님께서는 언제나 서로 관계되어 있으며 상대방 안에 계십니다. 성부는 항상 성자와 성령 안에 계시고 성자는 항상 성부와 성령 안에 계시고 성령은 항상 성부와 성자 안에 계시며, 모든 기쁨과 슬픔을 함께 나누며 함께 즐거움을 누리십니다. 그래서, 온전히 한 분이 되십니다. 삼위께서 일체가 되십니다.

민주주의라는 제도가 왜 기독교 국가에서 나왔습니까? 삼위일체 하나님을 믿는 기독교 국가에서 민주주의의 아이디어가 나왔고 민주주의가 싹텄고, 민주주의가 꽃을 피웠습니다. 민주주의 제도는 무엇입니까? 입법, 행정, 사법이 서로 균형을 이루며 서로 도우며 조화를 이루어 나가는 겁니다. 지배체제가 아닙니다. 삼위일체 하나님을 믿는 사람은 저절로 민주주의로 나아가게 됩니다.

가정은 무엇입니까? 엄마, 아빠, 자녀가 서로 사랑하며 서로 하나가 되어 하나의 공동체를 이루어 나가는 겁니다. 결코 지배체제가 아닙니다. 그래서, 성 삼위일체 하나님을 믿는 사람들은 저절로 민주적인 가정을 꾸리게 됩니다. 그래서 전제 군주와 같이 독선적이고 독재적인 남편을 민주적인 남편으로 바꾸는 방법은 예수를 믿게 하는 것입니다. 삼위일체 하나님을 믿게 합니다. 그것이 가장 좋은 방법이 됩니다. 저절로 민주적인 남편이 됩니다. 왜 그럴까요? 성 삼위 하나님께서 일체가 되심을 믿기 때문에 그렇습니다.

"아버지께서 내 안에, 내가 아버지 안에 있는 것같이 저희도 다 하나가 되어 우리 안에 있게 하사 세상으로 아버지께서 나를 보내신 것을 믿게 하옵소서"(요17:21) 우리 주님의 기도입니다. 남편은 부인 안에, 부인은 남편 안에 있는 겁니다. 누가 누구 위에 있는 것이 아닙니다. 서로가 서로의 안에 있는 것, 이것이 삼위일체의 교훈입니다.

러쉬(Jennifer Rushi, 본명 Heidi Stern, 1960-)란 분이 '**사랑의 능력**'(The Power Of Love)이란 노래를 불렀습니다. "**당신의 팔을 베고 누우면 나는 마치 모든 것을 다 잊고 있는 사람 같아요. 세상이 가지기엔 너무 크다고 여겨질 때 내가 당신과 함께 있으면 모든 걱정은 사라지죠.**" 그러면서 그렇게 외칩니다. "Because I am your lady. And you are my man. Whenever you reach for me, I'll do all that I can."

세상의 모든 걱정이 사라지는 이유가 뭡니까? "Because, I am your lady, and you are my man." 엉뚱합니다. 비 논리적입니다. 그러나, 음악의 힘이 여기에 있는 것 같습니다. 논리를 뛰어 넘어 핵심을 찌릅니다. 어렵고 복잡한 논리를 간단하게 뛰어 넘는 것, 그것이 음악의 힘인 것 같습니다. 왜냐하면, "I am your lady, and you are my man." "왜냐하면, 나는 네 여자(부인)야. 너는 내 남자(남편)야." 하나가 되는 겁니다. 일체가 되는 겁니다. 이것이 행복이요, 관계의 아름다움이요, 삼위일체 교리의 신비입니다.

그래서 영어로 삼위일체를 부를 때에 Holy Trinity 혹은 Blessed Trinity 라 부릅니다. 너무나 거룩하고 너무나 복이 넘칩니다. 이 삼위일체의 교리는 다른 종교에는 없습니다. 삼위일체와 비슷한 것이 브라만 종교에 있다지만 기독교의 삼위일체 교리와는 전혀 다릅니다. 삼위일체 교리는 기독교에만 있습니다. 기독교는 지배체제를 옹호하는 종교가 아닙니다. 평등을 말합니다. 명령하는 종교가 아닙니다. 사랑을 말합니다. 복종만 강요하는 종교가 아닙니다. 협력을 말합니다. 평등한 형제들의 사랑의 공동체를 이루는 것을 추구합니다.

종교가 무엇이냐에 따라 그 나라의 정치, 경제, 사회, 문화 등 모든 국민들의 생활이 달라집니다. 범신론이든, 다신론이든, 유일신론이든, 신들만 지배체제를 이루는 것이 아니라 인간의 모든 사회 생활까지 구석 구석 지배체제를 이루고 맙니다. 세계에 곳곳마다, 세계 도처에 이러한 지배체제로 고통 당하는 사람들이 얼마나 많은지 모릅니다.

인도의 카스트 제도를 보십시오. 카스트의 신분 계급은 4개의 계급이지만, 서브-카스트의 정확한 숫자는 확실하지 않으나 3,000 이상, 4,000~5,000 정도로 보고 있답니다. 얼마나 계급이 많은지 모릅니다. 가장 불쌍한 계급이 아추트, 혹은 하리잔이라 불리우는 불가촉민(不可觸民)입니다. 영어로 the untouchable 입니다. 이 사람들은 접촉하면 부정을 탄다고 해서 the untouchable 입니다. 아주 처참하게 살아 갑니다. 사람을 만나지 못해요. 함께 수돗물을 마시지 못합니다. 이 사람들은 도시 주변에서 빨래나 더러운 일을 하며 살아 갑니다. 그게 당연시됩니다. 법이 그런 것이 아닙니다. 1947년 인도가 독립하면서 만든 법에는 인간이 평등하다고 선포되어 있습니다. 그러나, 인도 사회에서는 아직도 카스트 제도가 엄연히 존재합니다. 왜 그래요? 그들의 종교 힌두교가 그것을 용인하기 때문입니다. 종교가 끼치는 영향이 얼마나 무서운지 모릅니다.

바로 얼마 전에 인도의 19살 먹은 비샬과 18살 먹은 소누가 신분이 서로 다른데 사랑에 빠졌다는 이유로 무자파르나가르시에 있는 고향 마을 한 가옥 처마 밑에서 수 백 명의 주민과 친척들이 지켜보는 가운데 교수형을 받고 처형당했다고 합니다. 그 나라의 종교가 그 나라의 백성들의 삶을 규정합니다.

만약 미국의 종교가 기독교가 아니었더라면 미국의 흑인들은 지금도 노예로 살아가야 했을 지 모릅니다. 종교가 미치는 영향이 그렇게 큽니다. 그런 의미에서 삼위일체를 믿는 우리 기독교인들은 얼마나 다행이고 복이 많은 지 모릅니다.

얼마나 멋있습니까? 얼마나 감동적이고 아름답습니까? 성 삼위 하나님의 일체 되심을 고백하면서 우리는 하나가 됩니다. 서로 도와줍니다. 서로 평등합니다. 서로 협력합니다. 서로가 서로 안에 있습니다. 이렇게 아름다운 복음이 어디에 있습니까?

인도의 카스트 제도만 탓할 수 없고, 힌두교만 탓할 수 없습니다. 우리나라의 유교도 얼마나 우리 민족을 아프게 하였는지 모릅니다. 유교는 군자와 소자를 나눕니다. 이것이 우리 조선시대에는 양반과 상놈으로 계급을 나누어 놓았습니다. 장유유서, 나이 따라서 계급을 나누어 놓았습니다. 부부 유별, 성 따라서 계급을 나누어 놓았습니다. 남존여비, 남자와 여자들 사이의 계급을 말합니다.

그래서 조선 명종 때 주세붕(周世鵬, 1495-1554)이란 분은 이렇게 노래하였습니다: **"아버님 날 나으시고 어마님 날 기르시니…"** 아버님이 날 낳으셨다니… 옛날엔 남자들이 애기를 낳았는가 봅니다. 남자로 이어지는, 아버지로 이어지는 혈통이 그렇게 중요했던 것입니다. 낳은 건 엄마인데 아버지가 날 낳았다고 합니다. 여자들은 그렇게 차별을 받았고 멸시도 당했습니다.

옛날 얘기 그만 두겠습니다. 지금 현재 북한은 **'3계층 51부류'**로 나누어진 계층을 갖고 있습니다. 출신이 다르면 결혼도 못합니다. 성분이 다르면 결혼할 수 없습니다. 이것이 지금 북한의 실상입니다. 북한엔 공산주의라는 종교가 있습니다. 무신론 정권이지만, 대신에 김일성(金日成, 1912-1994)과 김정일(金正日, 1942-2011), 김정은(金正恩, 1984-)이 신의 위치에 서 있습니다. 이것이 무섭습니다. 이것이 바로 지옥입니다. 김일성이 하나님 노릇을 하더니 김정일이 이어서 하나님 노릇을 했고 지금은 김정은이 하나님 노릇을 대신합니다. 김정일 통치 시절, 150만에서 300만 명이 굶어 죽은 적이 있었습니다. 그런 지옥이 세상에 또 어디 있겠습니까?

　삼위일체 하나님을 믿는 신앙은 얼마나 복이 있는지 모릅니다. 삼위 일체 교리는 정말 신비한 교리요, 황홀한 교리입니다. 세상에 다시없습니다. 얼마나 감사하고 얼마나 자랑스러운 교리인지 모릅니다. 이 교리를 깊이 묵상할 때에 놀라운 은혜를 체험합니다. 이 교리를 묵상하며 삼위일체 되신 하나님을 따라갑시다. 평등의 사회, 협력의 사회, 서로가 서로를 존경하며 사랑하는 아름다운 사회는 저절로 이루어질 것입니다.

　그 뿐만이 아닙니다. 성 삼위 하나님께서 저희를 이끄실 때에 영광의 자리에까지 이끌어 주시겠다 약속하셨습니다. 이 보다 더 큰 소망이 세상에 다시없습니다. 이 보다 더 놀라운 약속이 세상에 다시없습니다. 이 일을 위해 절대자 하나님께서 인간의 몸을 입으시고 이 땅에 내려오셨습니다. 성육신 하셨습니다. 삼위일체 교리는 이것을 우리에게 알려 줍니다. 이 소망으로 성도는 담대히 믿음 지키고 영광스러운 그 날을 맞이할 것입니다.

부록

인명 및 사건 연표

BC 588년, 예루살렘 바벨론 제국에 의해 포위
BC 586년, 예루살렘 바벨론 제국에 함락
BC 470-BC 399년, 소크라테스(Socrates)
BC 428-BC 348년, 플라톤(Platon)
BC 384-BC 322년, 아리스토텔레스(Aristoteles)
BC 259-BC 210년, 진시황(秦始皇)
35?-107?년, 안디옥의 이그나티우스(Ignatius)
100-165년, 저스틴(Justin Martyr)
120?-180?년, 타티안(Tatian the Syrian)
?~200?년, 판타이누스(Pantaenus)
130-202년, 이레니우스(Irenaeus)
150-215년, 클레멘스(Clement)
155-220년, 터툴리안(Tertullianus)
170?-235년, 히폴리투스(Hippolytus)
185-253년, 오리게네스(Origenes)
?-260?년, 사벨리우스(Sabellius)
244-311년, 디오클레티아누스 황제(Gaius Aurelius Valerius Diocletianus)
250/256-336년, 아리우스(Arius)
263-339년, 가이사랴의 유세비우스(Eusebius of Caesarea /Eusebius Pamphili)
272-337년, 콘스탄티누스 1세 황제(Flavius Valerius Aurelius Constantinus)
296?-373년, 아타나시우스(Athanasius)
312년경, 삼위일체 논쟁을 촉발시켰던 한 모임
313년, 콘스탄티누스 황제의 밀라노 칙령
313?-386년, 예루살렘의 시릴(Cyril of Jerusalem)
315-403년, 키프로스의 에피파니우스(Epiphanius)
325년, 제1차 니케아 공의회(First Council of Nicaea)
?-342년, 니코메디아의 유세비우스(Eusebius of Nicomedia)
329-390년, 나지안조스의 그레고리(Gre-

gory of Nazianzus)
330-379년, 가이사랴의 대 바실(St. Basil the Great)
335-395년, 니사의 그레고리(Gregorius Nyssenus)
340년?-397년, 암부로시우스(Sanctus Ambrosius)
347-395년, 테오도시우스 1세 황제(Flavius Theodosius)
354-430년, 히포의 어거스틴(St. Augustine of Hippo)
380?-439?년, 교회 역사가 소크라테스(Socrates of Constantinople)
381년, 제1차 콘스탄티노플 공의회(The First Council of Constantinople)
431년, 에베소 공의회(The Council of Ephesus)
451년, 칼케돈 공의회(The Council of Chalcedon)
589년, 제3차 톨레도 공의회(The Third Council of Toledo)
675-749년, 다마스커스의 요한(John of Damuscus)
1224?-1274년, 토마스 아퀴나스(Thomas Aquinas)
1466-1536년, 에라스무스(Desiderius Erasmus)
1483-1546년, 루터(Martin Luther)
1495-1554년, 주세붕(周世鵬)
1497-1560년, 멜랑히톤(Philipp Melanchthon)
1703-1791년, 웨슬리(John Wesley)
1706-1790년, 플랭클린(Benjamin Franklin)
1724-1804년, 칸트(Immanuel Kant)
1768-1834년, 슐라이어마허(Friedrich Schleier-macher)
1822-1889년, 리츨(Albrecht Ritschl)
1823-1886년, 호지(Archibald Hodge)
1839-1937년, 록펠러(David Rockefeller)
1851-1930년, 하르낙(Adolf von Harnack)
1873-1957년, 벌꼬프(Louis Berkhof)
1875-1926년, 릴케(Rainer M. Rilke)
1883-1931년, 지브란(Khlil Gibran)
1886-1968년, 바르트(Karl Barth)
1888-1955년, 카네기(Dale Carnegie)
1889-1976년, 하이데거(M. Heidegger)
1889-1966년, 부룬너(Emil Brunner)
1897-1978년, 박형룡(朴亨龍)
1900-1980년, 프롬(Erich S. Fromm)
1903-1958년, 로스키(Vladimir N. Lossky)
1904-1984년, 라너(Karl Rahner)
1905-1980년, 사르트르(Jean-Paul Sartre)
1905-1986년, 프레밍거(Otto L. Preminger)
1909~2002년, 리스먼(David Riesman)
1912-1994년, 김일성(金日成)
1917-1998년, 맥클레란드(David McClelland)
1926-현재, 몰트만(Jürgen Moltmann)
1928-현재, 판넨베르크(W. Pannenberg)
1938-현재, 보프(L. Boff)
1942-2011년, 김정일(金正日)

1950~2005년, 그렌츠(Stanley J. Grenz)
1954-현재, 로스(David L. Roth)
1960-현재, 러쉬(Jennifer Rushi, 본명 Heidi Stern)
1970-현재, 멜처(Bernard Meltzer)
1977-현재, 머시(Vivek H. Murthy)
1893-1988년, 머레이(Henry Alexander Murray)
1984-현재, 김정은(金正恩)

참고문헌

계제광, 유교문화가 한국교회 리더십 형성에 미친 영향 – 유교의 권위주의 영향을 중심으로 -, 한국실천신학회, 1997.

권찬수, 삼위일체 하나님, 하움출판사, 2023.

권형우, 사람, 고독한 운명을 타고난 존재, 연세춘추, Nr. 1541, 2006. 5월호.

김광식, 조직신학(I), 기독교서회, 1988.

김대형, 감리교의 창시자 존 웨슬리의 마지막 유언, 네이버 블로그.

김동건, 기독교의 하나님:삼위일체, 국민일보, 2013.

김석환, 교부들의 삼위일체, 기독교문서선교회, 2001.

김영수, 하나님의 섭리와 인간의 자유의지에 관한 소고, 인터넷, 코람데오닷컴; http://www.kscoramdeo.com.

김용옥, 기독교 성서의 이해, 통나무, 2007.

박만, 현대삼위일체론 연구, 대한기독교서회, 2003.

백충현, 내재적 삼위일체와 경륜적 삼위일체, 새물결플러스, 2015.

서철원, 교리사, 총신대학교출판부, 2003

애덤 웨이츠(Adam Waytz), 일터에서 인간관계 맺기, 하버드비지니스리뷰, 2018, 1-2월호.

어거스틴, 삼위일체론 (발행 박명곤), 서울: 크리스챤 다이제스트, 1998.

오영석, 신앙과 이해, 대한기독교서회, 1999.

유해무, 삼위일체 하나님을 향한 송영, 성약출판사, 2007.

유형기, 세계 기독교회사, 대한기독교출판사, 2006.

이동영, 송영의 삼위일체론: 경배와 찬미의 신학, 새물결플러스, 2017.

이용우, 군중 속의 고독, 한인뉴스속보, 2022. 11월호에서 인용.

이종성, 삼위일체론, 장로회신학대학출판부, 2005.

임대웅, *임대웅 박사 신간, 간추린 신격화 교리*, 인터넷 코람데오닷컴, 2019.

임홍빈, *현대의 삼위일체*, 생명의 씨앗, 2006.

장대식, *자연과학적 탐구 방법론을 통한 삼위일체 재해석*, 박사학위논문: Jubilee International Theological College, 1994.

전정구, *하나님 나라와 언약적 관점으로 보는 성경신학(Biblical Theology: Covenants and the Kingdom of God in Redemptive History, trans. by Kim, Tae-Hyung)*, 서울: 부흥과 개혁사, 2019.

정성욱, *삶 속에 적용하는 삼위일체 신학*, 홍성사, 2007.

카톨릭대학교 고전라틴어연구소, *라틴-한글 사전, Dictionarium Latino-Creanum*, 카돌릭대학교출판부, 2004.

한철하, *고대기독교사상*, 대한기독교서회, 2001.

A Greek-English Lexicon: William F. Arndt & F. Wilbur Gingrich, The University of Chicago Press, 1979.

Bethune-Baker, *The Meaning of Momoousios in the Constantinopolitan Creed*, Cambridge University Press, 1901.

Cross, F. L., ed. *The Oxford dictionary of the Christian church*. New York: Oxford University Press. 2005.

Davis S. Schaff, *History of the Christian Church*, v. VI, p. 251.

Davis S. Schaff, *History of the Christian Church*, v. VI, p. 251.

Erich Fromm, *The Art of Loving* (Dublin: Thorsons), 1995.

Warren H. Carroll, *A History of Christendom*, II, Christendom Press, 1987,

WCC, *Faith and Order Paper No. 153* (Geneva: WCC Publications), 1991.

William F. Arndt & F. Wilbur Gingrich, *A Greek-English Lexicon* (Chicago: The University of Chicago Press), 1979.

설교원문: '우리는 하나'(요17:20-22)

여러분, 우리는 모두 행복하기를 바랍니다. 그래서 공부도 하고 일도 하고 결혼도 합니다. 그런데 우리는 언제 행복합니까? 사람이 사람을 만나면서 서로 마음이 통할 때, 소통이 잘 되고 마음이 하나가 될 때, 우리는 말할 수 없는 기쁨과 행복을 느낍니다.

가정도 하나가 되면 참 좋아요. 비록 가난하더라도 마음이 하나가 되면 그 가정은 행복한 가정이지요. 아무리 부자라도 식구들끼리 마음이 하나가 되지 못하고 갈라져 있으면 그 가정은 행복하다 말할 수가 없어요.

그런 면에서 우리 성경은 참 놀라운 진리를 우리에게 전해줍니다. 행복의 비결이지요. 기쁨의 비결입니다. 그것이 무엇입니까? 정말 하나가 되는 것입니다.

우리 주님께서도 이것을 얼마나 바라셨는지 몰라요. 우리의 행복의 비결이기 때문입니다. 그리고 바로 이것을 위하여 이 땅에 오셨고 이것을 위해 우리 주님께서 십자가를 지셨습니다. 우리 주님의 소원, 주님의 간절한 소원이 있습니다. 그것이 무엇일까요? 여러분, 우리 주님의 소원 이루어 드려야 하지 않겠어요?

우리는 네 단계를 거치며 하나가 되어 행복한 삶을 살게 됩니다:

첫째, 우리의 하나됨은 주님의 간절한 바라심이라는 것을 먼저 확인합시다:

"내가 비옵는 것은 이 사람들만 위함이 아니요 또 저희 말을 인하여 나를 믿는 사람들도 위함이니 아버지께서 내 안에, 내가 아버지 안에 있는 것같이 저희도 다 하나가 되어 우리 안에 있게 하사 세상으로 아버지께서 나를 보내신 것을 믿게 하옵소서 내게 주신 영광을 내가 저희에게 주었사오니 이는 우리가 하나가 된 것같이 저희도 하나가 되게 하려 함이니이다"(요17:20-22).

우리 주님의 간절한 간구, 간절한 소원이 무엇입니까? "아버지께서 내 안에, 내가 아버지 안에 있는 것같이 저희도 다 하나가 되어 우리 안에 있게 하사…." 그렇게 말씀합니다. 22절에도 말씀합니다: "우리가 하나가 된 것같이 저희도 하나가 되게 하려 함이니이다."

둘째, 우리는 어떻게 하나가 될 수 있느냐? 우리는 모두 하나가 되어 마음도 같이하고 생각도 같이하고 싶으나, 우리는 각자 자기 생각이 있고 자기 주장이 있고 자기 고집이 있어서 자연으로서 우리는 결코 하나가 될 수 없습니다. 그래서 주님께서 성령을 약속해 주셨습니다: "내가 아버지께 구하겠으니 그가 또 다른 보혜사를 너희에게 주사 영원토록 너희와 함께 있게 하시리니, 저는 진리의 영이라 세상은 능히 저를 받지 못하나니 이는 저를 보지도 못하고 알지도 못함이라 그러나 너희는 저를 아나니 저는 너희와 함께 거하심이요 또 너희 속에 계시겠음이라"(요14:16-17).

그가 보혜사(보호자와 은혜자와 스승)가 되셔서 제자들을 돌봐 주실 것입니다. 나는 떠나지만, 그는 너희를 떠나지 아니할 것이라 영원히 너희와 함께 있게 하시리라 약속해 주셨습니다. 주의 영 성령께서 우리와 함께 거하시고 또 우리 속에 거하시리라 말씀하셨습니다. 이것은 무슨 뜻입니까? 주님께서 말씀하십니다: "내가 너희를 고아와 같이 버려 두지 아니하고 너희에게로 오리라. 조금 있으면 세상은 다시 나를 보지 못할 터이로되 너희는 나를 보리니 이는 내가 살았고 너희도 살겠음이라. 그 날에는 내가 아버지 안에, 너희가 내 안에, 내가 너희 안에 있는 것을 너희가 알리라"(요14:18-20).

이것이 무슨 뜻입니까? 주의 영, 성령께서 우리에게 임하실 때에, 성령께서 우리와 함께 하시고, 우리 안에 오실 때에, 무엇을 알게 됩니까? 주님께서 아버지 안에 계시고, 우리가 주님 안에 있고, 주님께서 우리 안에 계시는 것을 알게 되리라 주님께서 말씀하신 것입니다.

간단히 말씀드리자면, 성령께서 우리 안에 거하실 때에, 주님께서는 성령으로 말미암아 우리 안에 계시고, 우리는 성령으로 말미암아 주님 안에 있게 된다는 말씀이지요.

우리가 주님과 하나가 되는 비결이 무엇입니까? 성령께서 임하실 때, 성령으로 말미암아 주님과 우리가 하나가 됩니다. 우리 모두가 주님 안에서 하나가 되는 비결이 무엇입니까? 성령께서 우리를 주님의 마음으로 묶어 주실 때에, 우리는 주님의 마음으로 하나가 될 수 있어요. 그래서, 성경은 말씀합니다: "평안의 매는 줄로 성령의 하나 되게 하신 것을 힘써 지키라"(엡4:3).

우리가 성령의 감동으로 주님의 마음을 가질 때에 우리는 온전히 하나가 됩니다. 그 하나가 될 때 말할 수 없는 행복과 기쁨을 맛보게 됩니다. 성부, 성자, 성령, 성 삼위의 하나님께도 온전히 하나가 되셨어요. 그것을 믿는 고백이 무엇입니까? 삼위일체입니다.

기독교 역사상 가장 오래된 교리이면서 가장 소중한 교리, '삼위일체' 교리지요. 예수 믿는 사람들 거의 모두가 가장 잘 알면서도 가장 잘 모르는 교리가 또 삼위일체 교리입니다.

삼위일체가 무엇입니까? 아타나시우스가 아주 간결하게 결론을 내렸어요. **성부 하나님, 성자 하나님, 성령 하나님은 후포스타시스가 다르다. 3위지요. 그러나 우시아가 같다. 1체입니다.** 후포스타시스는 인격, 품격을 말합니다. 라틴어로 페르조나, 영어로 personality지요. 후포스타시스는 다르지만 우시아, essentia, 즉 본질은 같다. 고 정리했어요. **품격은 다르지만, 본질이 같다.**

셋째, 성령의 감동으로 우리가 어떻게 하나가 되느냐? 바로 성령의 감동으로 우리 구주 예수 그리스도의 마음을 가질 때 우리는 하나가 됩니다. 마음과 생각과 뜻이 같아집니다. 하나가 됩니다. 이것이 성령의 역사입니다. 성령께서 도와주지 아니하면 우리는 하나가 될 수 없어요. 우리 자신의 생각과 고집과 야망이 있어요. 그래서, 하나가 될 수 없어요. 성령 충만할 때 우리는 온전히 하나가 됩니다. 어떻게 하나가 되느냐? 성령께서 우리 마음 속에 주님의 마음을 부어 주십니다. 그래서 우리 각자의 마음이 아니라 주님의 마음으로 하나가 됩니다. 우리 주님의 마음이 무엇일까요? "너희 안에 이 마음을 품으라 곧 그리스도 예수의 마음이니 그는 근본 하나님의 본체시나 하나님과 동등됨을 취할 것으로 여기지 아니하시고 오히려 자기를 비워 종의 형체를 가져 사람들과 같이 되었고 사람의 모양으로 나타나셨으매 자기를 낮추시고 죽기까지 복종하셨으니 곧 십자가에 죽으심이라"(빌2:5-8).

겸손, 희생, 순종이지요. 이 마음으로 하나가 될 때 거기에 참 행복이 있어요. 참 기쁨이 있어요. 말할 수 없는 즐거움이 있어요. 이것은 신비입니다.

마지막 넷째, 우리가 어떻게 하나가 되느냐? 성령의 감동을 받은 저희들, 예수 그리스도의 마음, 겸손과 희생과 순종의 마음을 가진 저희들은 놀라운 신령하고 거룩한 교제 속으로 초청을 받게 됩니다: "우리가 보고 들은 바를 너희에게도 전함은 너희로 우리와 사귐이 있게 하려 함이니 우리의 사귐은 아버지와 그 아들 예수 그리스도와 함께함이라 우리가 이것을 씀은 우리의 기쁨이 충만케 하려 함이로라"(요일1:3-4).

여기서 말씀하시는 사귐, 코이노니아를 말합니다. **코이노니아**〈κοινωνία〉는 세 가지 뜻이 있어요

첫째, 좋은 것을 '나누는 것(share)'입니다. 로마서 15:27에, "저희가 기뻐서 하였거니와 또한 저희는 그들에게 빚진 자니 만일 이방인들이 그들의 신령한 것을 나눠 가졌으면 육신의 것으로 그들을 섬기는 것이 마땅하니라"란 말씀이 나옵니다.

둘째, 함께 있는 것, '참여한다(be partakers)"는 뜻이 있어요. 히브리서 4:13에, "오직 너희가 그리스도의 고난에 참여하는 것으로 즐거워하라. 이는 그의 영광을 나타내실 때에 너희로 즐거워하고 기뻐하게 하려 함이라" 말씀하셨어요.

셋째, 코이노니아란, 서로 속하는 것, 융합하는 것을 말합니다. '함께 속한다(partake)'는 뜻도 있어요. 히브리서 3:14절에, "자녀들은 혈육에 함께 속하였으매 그도 또한 한 모양으로 혈육에 함께 속하셨다"고 하셨어요.

〈코이노니아〉는 일반적인 사귐을 뛰어넘어, 서로가 하나되는 신비스러운 깊은 만남을 의미합니다. 결코 나눌 수 없는 그러한 깊은 교제를 뜻합니다.

이 세상의 그 어떠한 것으로도 끊을 수 없는 사귐을 뜻합니다. 세속적인 사귐과 달라요. 성령으로 말미암아 이루어지는 사귐입니다.

사도 요한은 요한1서 1:3절에 놀라운 말씀을 합니다: "우리가 보고 들은 바를 너희에게도 전함은 너희로 우리와 사귐이 있게 하려 함이니 우리의 사귐은 아버지와 그 아들 예수 그리스도와 함께 함이라" 말씀합니다.

잘 보세요. 사도는 말씀합니다. "우리의 사귐은 아버지와 그 아들 예수 그리스도와 함께 함이라". 성도의 사귐은 아버지와 그 아들 예수 그리스도와 함께 하는 사귐이라고 설명했어요. 성부, 성자, 성령 성 삼위 일체의 사귐 속에 우리를 초청해 주신 겁니다. 이것이 우리의 사귐입니다. 이것이 성도들의 사귐이지요. 우리가 하나님과 하나되는 것이지요. 그 보다 더 큰 행복이 이 세상 어디에 있겠어요? 세속적인 사귐이나 교제와 다릅니다.

4절에, 그 사귐의 결과가 나와 있어요. 이렇게 말씀합니다: "우리가 이것을 씀은 우리의 기쁨이 충만케 하려 함이로라". 이 사귐의 결과는 기쁨이 충만해지는 것이지요. 충만한 기쁨이 그 결과로 나타납니다. 기쁨이 충만한 것, 그것이 참 행복이 아니겠어요? 그 행복은 영원한 행복입니다.

코이노니아의 비결은 세 가지입니다.

첫째, 좋은 것을 '나누는 것(share)'입니다.

둘째, 함께 있는 것, 함께 속하는 것을 말합니다.

셋째, 코이노니아란, 서로 속하는 것, 융합하는 것, 협력하는 것, 그래서, 하나 되는 것을 말합니다. 성 삼위 하나님께서 코이노니아를 통해 하나가 되셨어요. 일체가 되셨어요. 그리고 그 일체 속에 우리를 불러 주신 것입니다.

참 행복의 비결도 바로 여기에 있어요. 코이노니아 속에서 하나가 되는 거지요. 가정의 행복은 모든 식구가 하나가 되는 것, 교회 생활의 행복은 모든 교우들이 성령으로 말미암아 온전히 하나가 되는 것이지요. 그래서 우리 모두가 주님 안에서 온전히 하나가 되는 거예요. 한 아버지 하나님 밑에서 모두가 한 식구가 되는 겁니다. 이것이 코이노니아예요.

그러기 위해, 우리는 서로 나누는 것이지요. 그러기 위해 우리는 힘들 때나 슬플 때, 언제나 함께 있는 겁니다. 그러기 위해 우리는 서로가 서로에게 속하여 융합하는 것, 협력하는 것이지요.

한 번 볼까요? 어떻게 삼위의 하나님께서 일체가 되셨나? 코이노니아를 어떻게 하셨나?

성부, 성자, 성령 하나님께서는 서로 나누셨고, 서로 함께 하셨고, 서로 속하셨고, 온전히 하나가 되셨습니다.

요한복음 17:1, 아버지와 아들이 서로 영광을 나누십니다: "예수께서 이 말씀을 하시고 눈을 들어 하늘을 우러러 가라사대 아버지여 때가 이르렀사오니 아들을 영화롭게 하사 아들로 아버지를 영화롭게 하게 하옵소서"

2절에서는 권세도 아들에게 주셨습니다. "아버지께서 아들에게 주신 모든 자에게 영생을 주게 하시려고 만민을 다스리는 권세를 아들에게 주셨음이로소이다"

4절에서는 구속의 일도 나누었어요. 백성들을 나누셨어요.

요한복음 17:10에는 놀라운 말씀도 하십니다: "내 것은 다 아버지의 것이요 아버지의 것은 내 것이온데 내가 저희로 말미암아 영광을 받았나이다"

성부 하나님께서는 모든 좋은 것을 성자 예수님과 나누셨어요. 가장 좋은 영광도, 권세도, 성도들도, 좋은 것을 다 나누셨어요. 결과적으로 내 것은 다 아버지의 것이요, 아버지의 것은 다 내 것이온데…. 모든 좋은 것을 성부, 성자, 성령께서 서로 나누셨어요. 아버지의 모든 것이 아들 것이고, 아들의 모든 것이 아버지의 것입니다.

뿐만 아니라 삼위일체 하나님께서 우리를 부르셔서 당신의 코이노니아 속에 우리를 편입해 주셨어요. 로마서에서 선포합니다. "자기 아들을 아끼지 아니하시고 우리 모든 사람을 위하여 내어 주신 이가 어찌 그 아들과 함께 모든 것을 우리에게 은사로 주지 아니하시겠느뇨"(롬8:32). 우리에게 아들 내어 주신 하나님께서 그 아들과 함께 아들의 나라, 영광의 나라도, 기업으로 주셨어요.

영광도 주셨어요. 승리도 주셨어요. 심지어 심판하는 권세까지 주셨어요. 그래서 말씀합니다. 그 아들과 함께 모든 것을 우리에게 은사로 주셨다고 말씀합니다. 이 나눔이 코이노니아지요. 우리도 나눠야 할 것입니다.

주님께서는 우리에게 말씀하십니다: "내가 너희에게 분부한 모든 것을 가르쳐 지키게 하라 볼찌어다 내가 세상 끝날까지 너희와 항상 함께 있으리라 하시니라"(마28:20).

우리도 우리의 이웃들이 어려움을 겪을 때, 고통 겪을 때 함께 있어줘야 합니다. 그래야 코이노니아가 되는 것입니다.

성부, 성자, 성령께서는 서로 속하셨고, 융합하시고 하나가 되셨습니다. 뿐만 아니라 우리에게도 말씀해 주셨습니다. "그 날에는 내가 아버지 안에, 너희가 내 안에, 내가 너희 안에 있는 것을 너희가 알리라"(요14:20).

삼위일체 하나님을 배워야 합니다. 배울 뿐만 아니라 실천해야 합니다. 이것이 우리의 행복을 위한 길이고 이것이 구원과 영광의 길입니다. 코이노니아로 하나가 되신 성부, 성자, 성령께서 코이노니아로 우리를 부르시고 코이노니아로 하나 되길 원하십니다.

성령으로 말미암아 우리 주님의 마음 본받아야 하는 이유가 여기에 있습니다. 그의 겸손과 희생과 순종의 마음을 배웁시다. 그리고 성령의 하나되게 하심 따라 우리 모두 하나가 됩시다.

우리는 성경에서 성삼위 하나님께서 일체가 되시는 감동적인 광경을 구경할 수 있어요.

성삼위일체가 깨어질 뻔했던 위기가 성경에 나옵니다. 아주 큰 일 날 뻔 했어요. 모든 구속의 일을 아주 망쳐 버릴 뻔한 일이 있었습니다.

우리도 배워서 하나가 되어야 합니다. 성자 예수께서 십자가를 앞에 놓고 성부 하나님께 기도 올립니다. 겟세마네 동산에서지요. "내 아버지여 만일 할 만하시거든 이 잔을 내게서 지나가게 하옵소서"(마26:39). 세 번씩 간구합니다. 삼위일체가 깨어질 위기의 순간이었습니다. 성부 하나님과 성자 예수 그리스도의 본질이 하나가 아니라 둘이 될 위기의 순간이었습니다. 만약 이 순간 우리 주님께서 당신의 고집을 꺾지 않으셨더라면 삼위일체가 영원히 물 건너가고 말았습니다. 그러나, 참 감사하게도, 우리 주님께서 아버지와 하나되심을 선언합니다. 이렇게 기도합니다: "그러나 나의 원대로 마옵시고 아버지의 원대로 하옵소서" 전통 교회는 이것을 고백합니다. 아버지와 아들의 본질이 하나입니다. 성 삼위 하나님께서 일체가 되십니다. 우리는 모두 하나입니다.

성령의 감동으로 죽기까지 순종하셨던 주님을 본받아 우리도 순종할 것입니다. 온전히 하나가 될 것입니다. 행복과 구원과 승리의 비결이 여기에 있기 때문입니다.

쉽게 푼 삼위일체

삼위일체 하나님이 보여 주신 길들

인쇄일	2024년 10월 1일
발행일	2024년 10월 4일
지은이	이창기
펴낸곳	코람데오
등록	제300-2009-169호
주소	서울시 종로구 세종대로 23길 54, 1006호
전화	02-2264-3650, 010-5415-3650
팩스	02-2264-3652
E-mail	soho3650@naver.com

ISBN 979-11-92191-39-3 03230
값 14,000원

※ 잘못된 책은 바꾸어 드립니다.